Das lustige Papierfaltbüchlein

Johanna Huber/Christel Claudius

# Das lustige Papierfaltbüchlein

Urania-Ravensburger

Die Deutsche Bibliothek –
CIP Einheitsaufnahme

Das lustige Papierfaltbüchlein / Johanna Huber/Christel Claudius. –
15. Aufl., Orig.-Ausg.,
Neubearb. der unter dem Titel
»Lustiges Papierfaltbüchlein«
erschienenen Ausg. –
Berlin : Urania-Ravensburger, 1998
ISBN 3-332-00912-5

Originalausgabe
Neubearbeitung der unter dem Titel
»Lustiges Papierfaltbüchlein«
erschienenen Ausgabe

Zeichnungen und Fotos:
Christel Claudius
Satz: Satzstudio E. Weishaupt,
Meckenbeuren
Druck und Verarbeitung: Ebner Ulm
Printed in Germany

00 99 98 16 15

ISBN 3-332-00912-5

# INHALT

# EINLEITUNG

Papierfalten ist eine faszinierende Sache: Aus einem einfachen Stück Papier, aus einer glatten Fläche entsteht eine plastische Form. Nur durch Falten oder auch Umklappen, Wenden oder Ziehen! Man braucht außer einer Schere nur wenige Hilfsmittel!
Kinder lieben den Umgang mit diesem Material; sie lieben es, mit dem Papier zu spielen und zu experimentieren. Schon ganz einfaches Falten verwandelt das Papier in ein Haus, eine Windmühle, einen lustigen Dampfer, Hüte zum Verkleiden und viele andere Dinge! Diese selbstgefertigten Spielsachen regen die Kinder zu fantasievollem Spiel an und fördern die Freude am eigenen handwerklichen und schöpferischen Gestalten. Beim Falten muß exakt gearbeitet werden, und die einzelnen Faltvorgänge müssen sich gut einprägen. Dadurch üben Kinder, geschickt, geduldig und genau zu arbeiten. Und die Erwachsenen zeigen es ihnen, haben vielleicht selbst Lust, etwas zu falten, gemeinsam etwas zu gestalten und mit dem Papier zu spielen.
In diesem Buch werden die einfachen traditionellen und deshalb sehr bekannten Faltformen, wie sie auch der Pädagoge Fröbel entwickelt hat, gezeigt. Aus den ersten, einfachsten Formen entwickeln sich dann immer schwierigere, an denen auch Erwachsene ihre Geduld üben oder Entspannung finden können. Damit jede Form auch wirklich nachvollzogen werden kann und gelingt, ist jeder Faltvorgang von Anfang an in einer Zeichnung dargestellt. Zu Beginn sollten nur die einfachen Formen gewählt werden, um dann darauf aufbauend sich an die schwierigeren zu wagen. Beherrscht man die Grundbegriffe, macht es viel mehr Spaß, auch die anderen Formen zu falten, dann vielleicht noch Origami zu erlernen oder sich selbst Formen auszudenken.

## Grundregeln

Bevor man anfängt zu falten, sollte man einige Grundregeln beachten.
- Es ist wichtig, stets auf einer festen, glatten Arbeitsplatte zu falten, damit die Form auch gut gelingt.
- Wichtig ist auch, jede Falte möglichst ganz exakt anzulegen und sie gleich mit dem Daumennagel scharf auszustreifen. Man kann dazu auch ein Falzbein benutzen. Dadurch wird die Form fest, und alle Faltvorgänge können leichter ausgeführt werden.
- Zuerst sollte man sich die Zeichnungen der gewählten Faltform ansehen, um eine Vorstellung von dem Arbeitsablauf zu bekommen. Es ist auch gut, sich immer den nächsten Arbeitsschritt während des Faltens vor Augen zu halten.
- Vor Arbeitsbeginn legt man das Papier stets mit der Vorderseite auf den Untergrund. Bei einseitig gefärbtem Papier liegt also die weiße Seite sichtbar oben.

Alle Faltformen entwickeln sich aus Grundformen, die jeweils gezeigt werden. Es sind nur wenige, nicht schwer zu faltende Formen, aus denen ganz schnell neue einfache oder mit mehr Faltarbeit auch schwierigere entstehen. Bei der Beschreibung der einzelnen Faltvorgänge werden Begriffe gebraucht, die vorweg einmal erklärt werden sollen.

| | |
|---|---|
| Bruch | eine wieder geöffnete Falte |
| Linie | eine Verbindung von zwei Punkten |
| öffnen | einen Faltvorgang rückgängig machen |
| klappen | einen Teil der Form im vorhandenen Bruch umlegen |
| knicken | falten und öffnen, um einen Bruch zu erhalten |
| wenden | die Vorderseite der Form auf den Untergrund legen |
| drehen | der Form eine andere Richtung geben, ohne sie zu wenden |
| umbrechen | eine Falte im Bruch zur anderen Papierseite umfalten |

# DAS QUADRAT

Die meisten Faltformen in diesem Buch entstehen aus dem Quadrat, z. B. ein einfaches Zelt, eine Windmühle, viele Tiere und Fische. Man kann Schiffchen im Wasser schwimmen lassen, eine Kinderpost aufbauen, Kästen und Geldtaschen für den Kaufmannsladen anfertigen oder auch „Himmel und Hölle“ spielen.
Zum Falten nimmt man am besten fertig zugeschnittenes Faltpapier für Origami, das man in zwei Größen und 12 verschiedenen leuchtenden Farben kaufen kann. Es gibt eine feste Papiersorte, die nur auf einer Seite matt glänzend eingefärbt ist, und ein weicheres, durchgefärbtes Papier. Beide Sorten sind gut geeignet und sollten passend zur gewählten Faltform ausgesucht werden. Selbstverständlich kann man sich auch aus Schreibmaschinenpapier, Einwickelpapier und bedrucktem Papier, jedem glatten, reißfesten und nicht zu schweren Papier Quadrate zuschneiden. Es ist aber wichtig, daß es ein genau abgemessenes Quadrat ist, damit die Form auch gut gelingt.
Aus einem Rechteck erhält man sehr einfach ein Quadrat, indem man eine Ecke diagonal an eine Kante schlägt und den überstehenden Streifen abschneidet.

# GRUNDFALTEN

Quadrat

gerade Falte

Mittelbruch

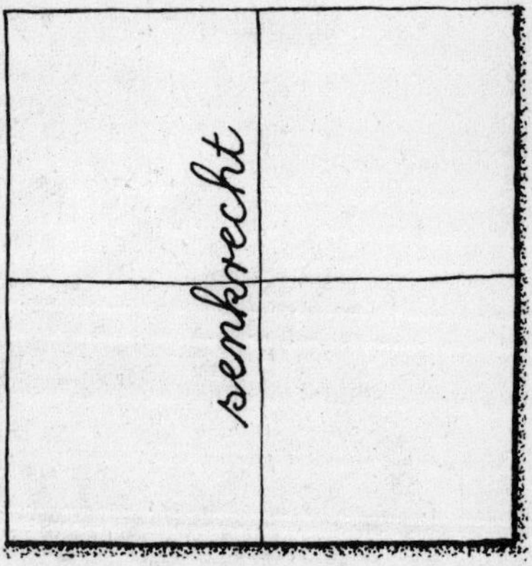


Gerades Kreuz

**Das gerade Kreuz**
Zuerst faßt man das Quadrat mit Daumen und Zeigefinger an den beiden unteren Ecken, legt diese genau auf die oberen und streift dann den Kniff fest aus. Wieder geöffnet, nennt man diese gerade Falte einen „Mittelbruch". Er kann senkrecht oder waagerecht durch die Mitte des Quadrats laufen. Zum Falten beider Mittelbrüche dreht man das Blatt und wiederholt den Vorgang, so daß es auch in senkrechter Richtung gefaltet wird. So erhält man das „gerade Kreuz".

# GRUNDFALTEN

Quadrat

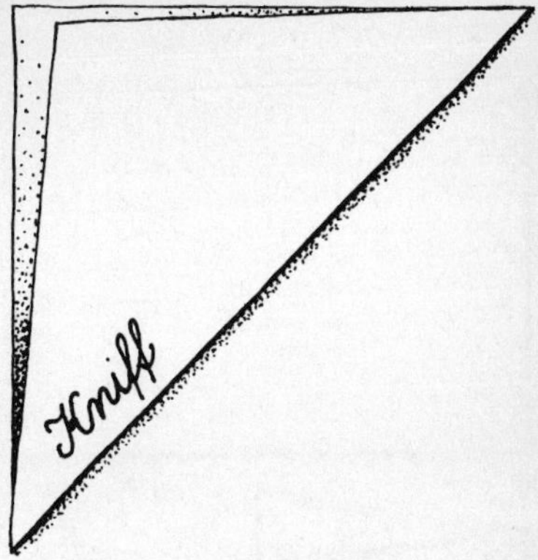


schräge Falte

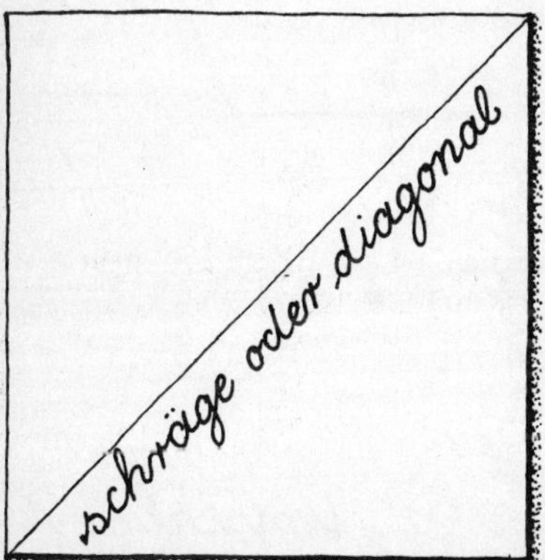


Diagonalbruch

schräges Kreuz

**Das schräge Kreuz**

Zuerst faßt man das Quadrat mit Daumen und Zeigefinger an der rechten unteren Ecke, legt diese genau auf die linke obere Ecke und streift dann den Kniff fest aus. Wieder geöffnet, nennt man diese schräge Falte einen „Diagonalbruch". Legt man danach die linke untere Ecke genau auf die rechte obere und streift den Kniff fest aus, erhält man das „schräge Kreuz".

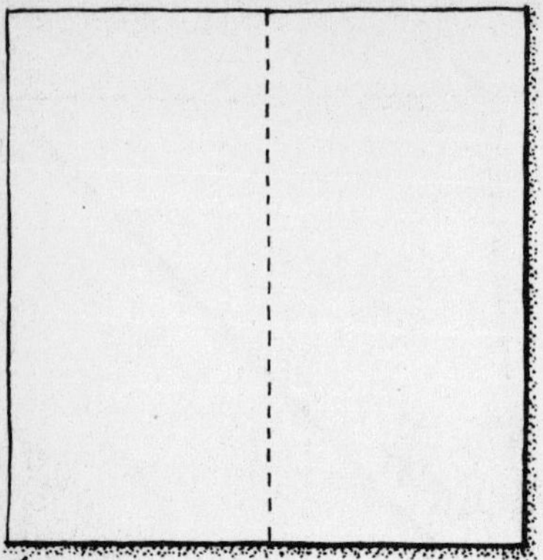

1

2

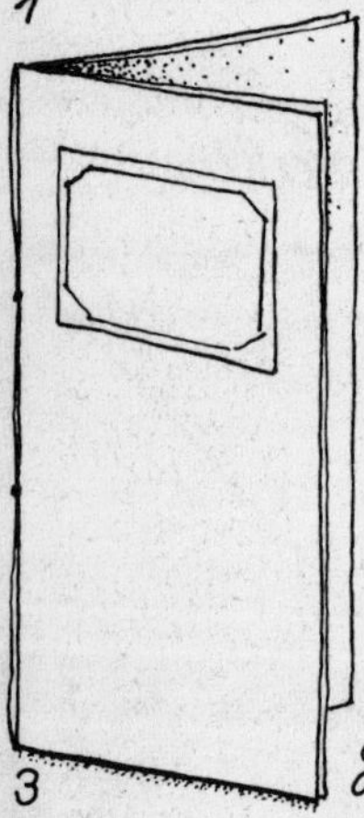

3 Buch

4 Zelt

Schon mit einem Kniff kann man aus einem Faltblatt ganz schnell etwas zum Spielen herstellen!

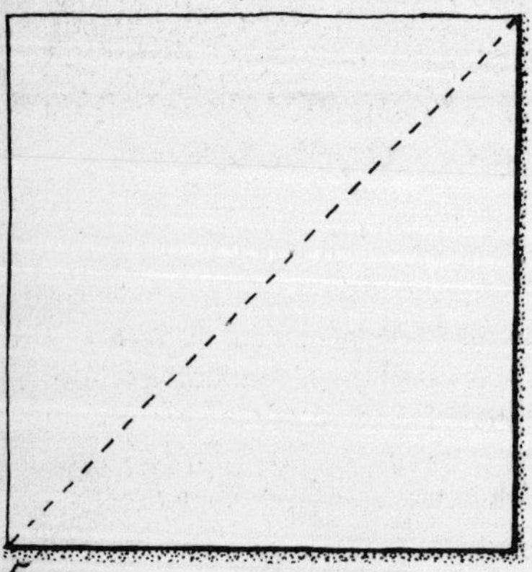

5

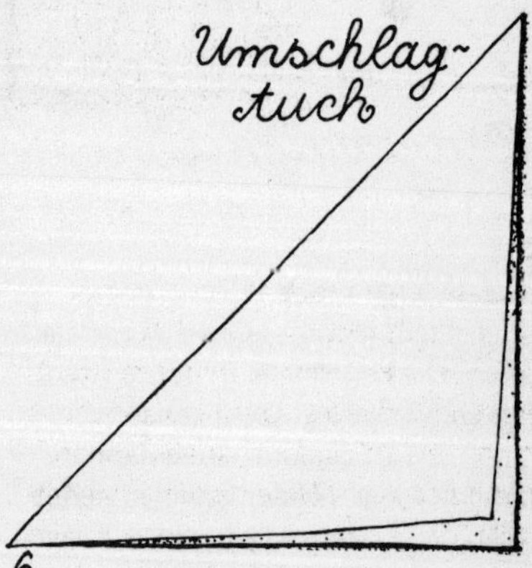


6

**Buch**

1 Ein Quadrat senkrecht in der Mitte falten –
2 fertig ist ein Buch
3 für ein dickeres Buch mehrere solcher Blätter falten und sie mit einem Faden am Rücken zusammenhalten.

Nun kann man auf die Vorderseite ein Etikett kleben, innen Bilder einkleben oder auch etwas hineinschreiben oder -malen.

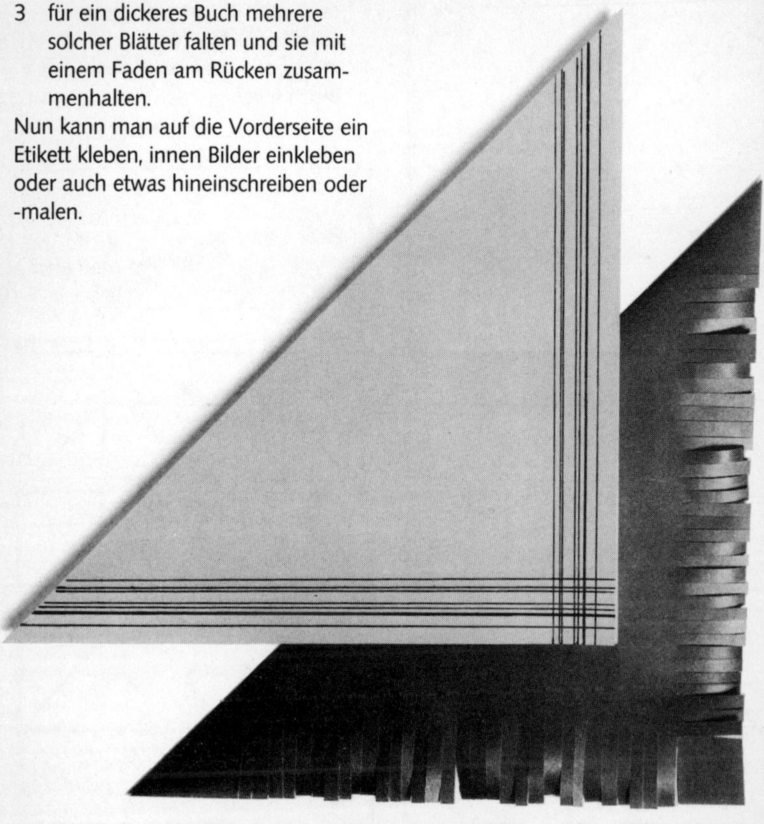

**Zelt**

4 Das Buch waagerecht zu einem Zelt aufstellen.

Viele solcher Zelte ineinandergesteckt, werden zu einem Tunnel, durch den man Bleistifte und Stricknadeln schieben oder auch kleine Kugeln schießen kann.

**Umschlagtuch**

5 Ein Quadrat diagonal falten
6 fertig ist das Umschlagtuch.

Es erhält einen Farbstreifen als Saum, oder man schneidet Fransen in den Rand und bemalt es mit bunten Mustern.

In dem Faltblatt steckt sogar ein ganzes Haus!

**Haus**

1 Ein Quadrat waagerecht in der Mitte falten
2 die offene Seite nach unten legen
3 noch mal einen waagerechten Mittelbruch falten
4 die beiden oberen Ecken an den Bruch falten

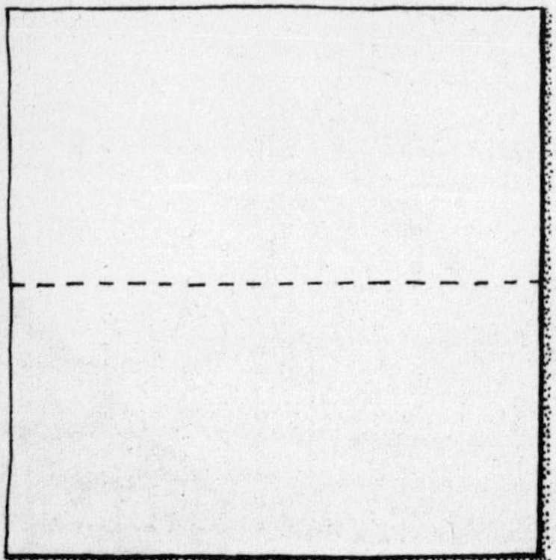
1

2

3

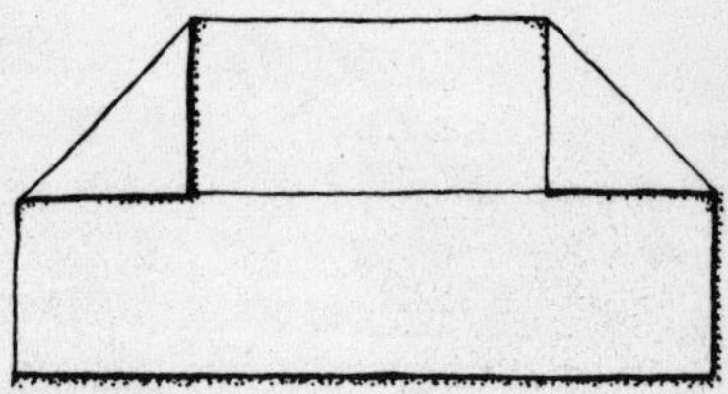
4

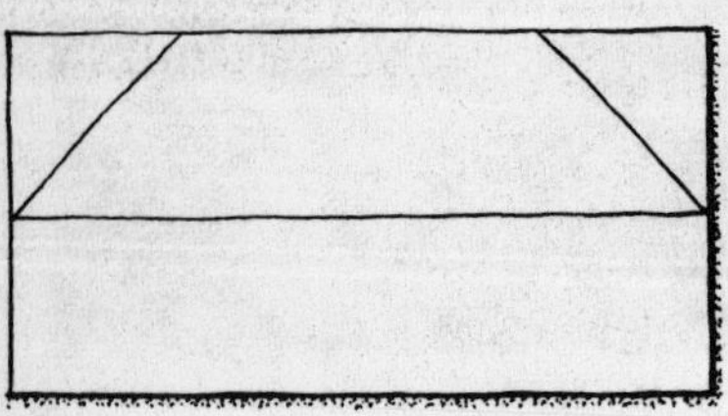
5

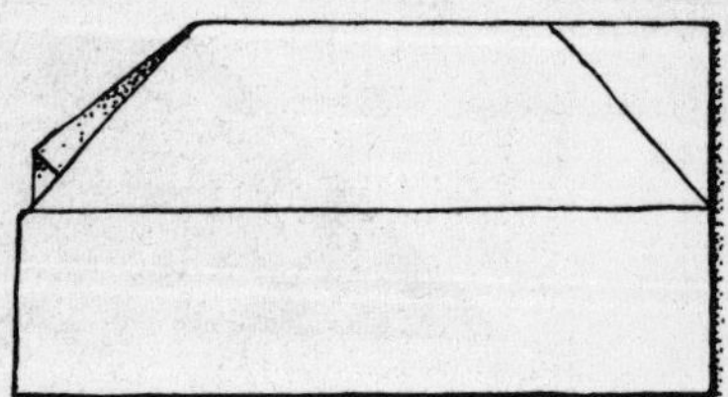
6

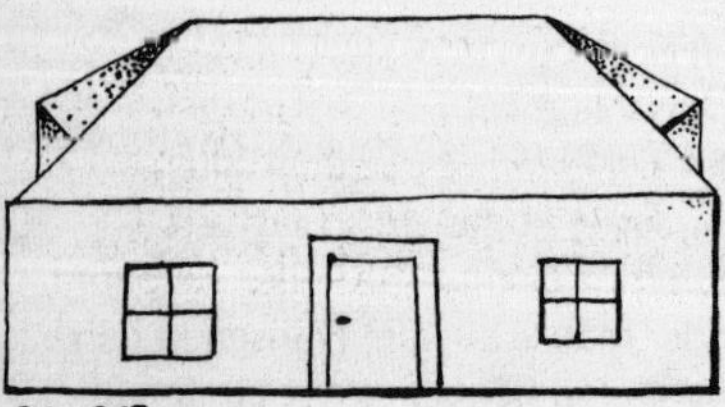
7 Haus

5 die Form wieder öffnen
6 alle Brüche, außer dem Dachfirst, zur anderen Seite umbrechen, so daß sich ein Dach formt
7 jetzt das Haus bemalen und aufstellen.

# GRUNDFORM 1

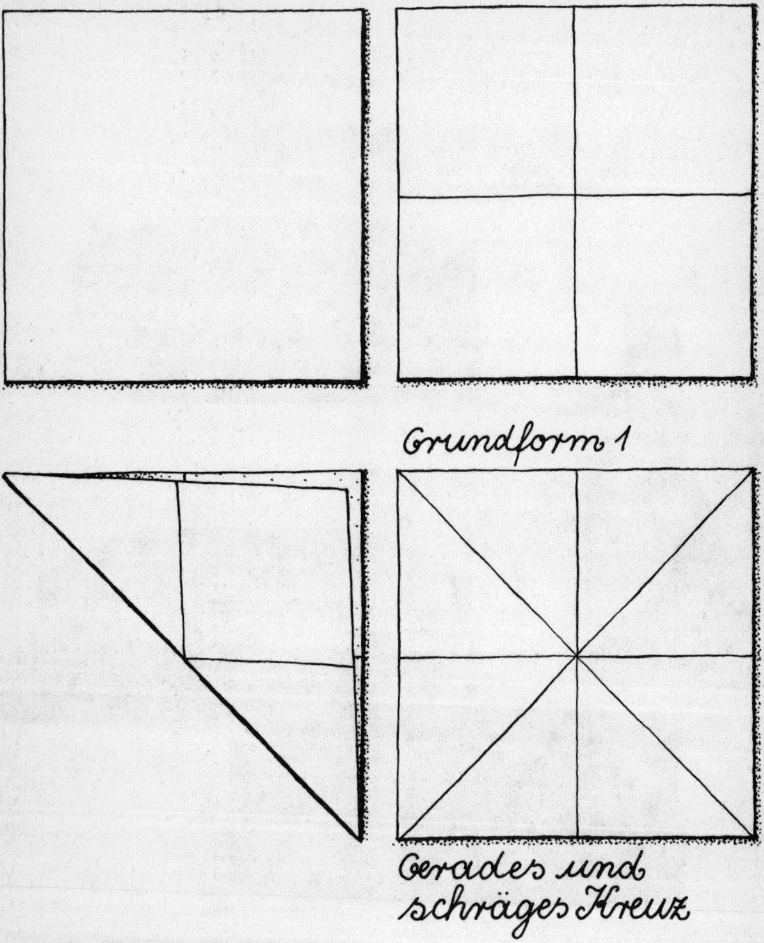


**Das gerade und das schräge Kreuz**
Zuerst faltet man in ein Quadrat ein „gerades Kreuz", öffnet das Faltblatt wieder und faltet anschließend ein „schräges Kreuz". Aus dieser einfachen Grundform können viele weitere Faltformen entstehen.

# FALTNETZ 1

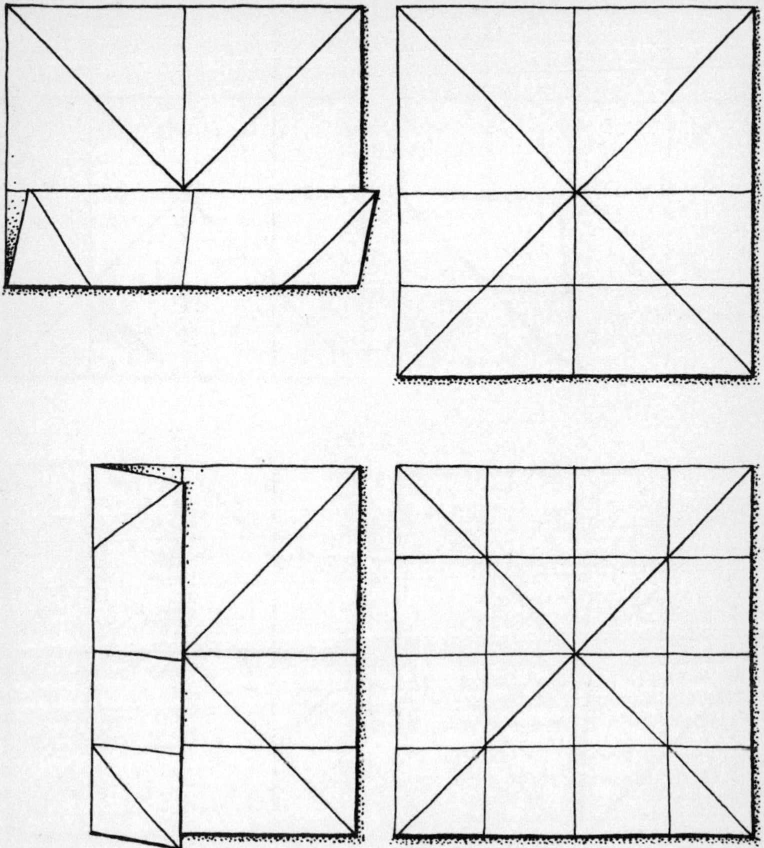

*Faltnetz 1*

Das Faltblatt mit dem „geraden und dem schrägen Kreuz" faßt man mit Daumen und Zeigefinger an den beiden unteren Ecken, legt diese Kante genau gegen den waagerechten Mittelbruch und streift den Kniff fest aus. Danach öffnet man das Blatt wieder und faltet die linke Kante gegen den senkrechten Mittelbruch. Die übrigen Seiten werden genauso gefaltet, wobei man das Blatt jeweils dreht. So erhält man ein einfaches „Faltnetz" als Grundform für viele Faltformen.

# FALTNETZ 2

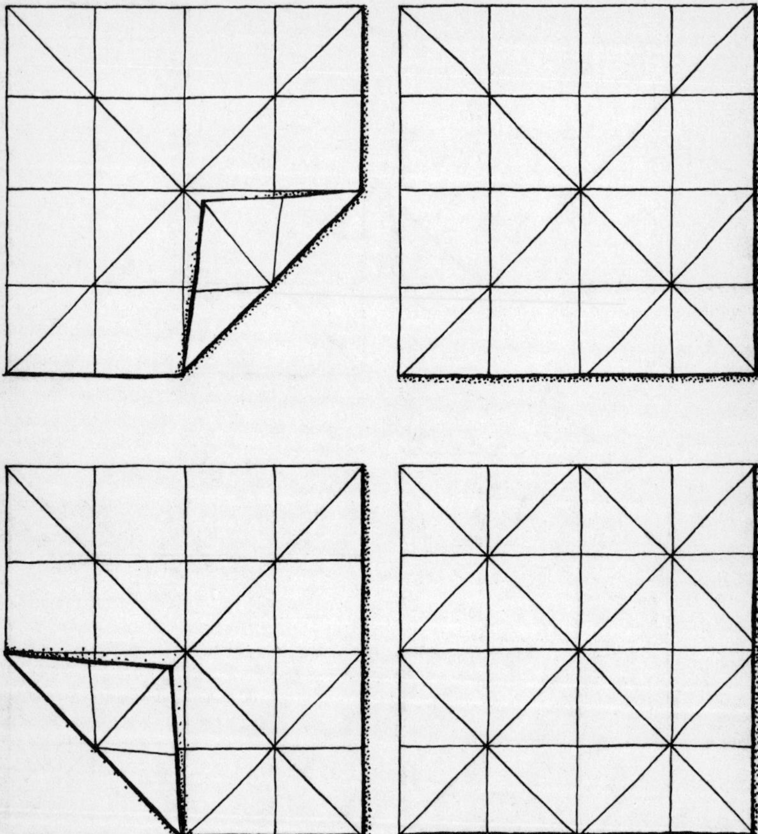

*Faltnetz 2*

Das Faltblatt mit dem „Faltnetz 1" faßt man mit Daumen und Zeigefinger an der rechten unteren Ecke, faltet diese Ecke dann diagonal genau an den Mittelpunkt und streift den Kniff fest aus. Danach öffnet man das Blatt wieder und faltet die linke Ecke zum Mittelpunkt. Die übrigen Ecken werden genauso gefaltet, wobei man das Blatt jeweils dreht. So erhält man das „Faltnetz 2" als Grundform für weitere Faltformen.

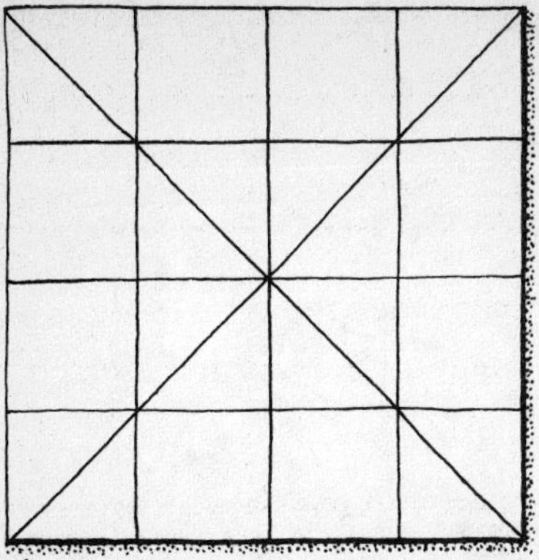

1

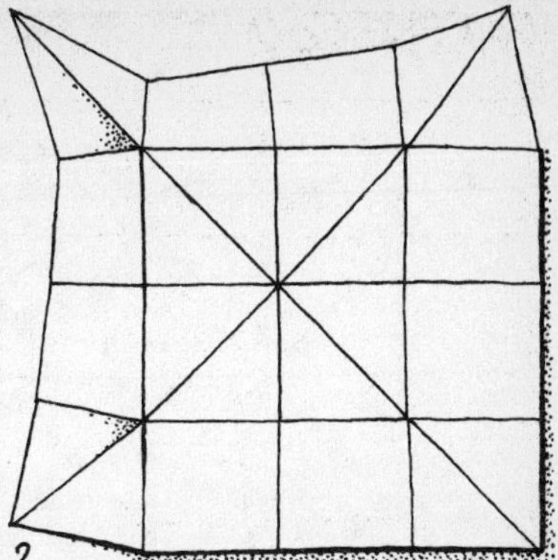

2

Aus dem einfachen Faltnetz entsteht ganz leicht ein Tisch.

**Tisch**

1 Faltnetz 1 falten
2 die vier Ecken in den Diagonalen spitz falten
3 die vier Ecken an die Geraden knicken und dadurch die Seiten nach unten knicken
4 den so entstandenen Tisch aufstellen.

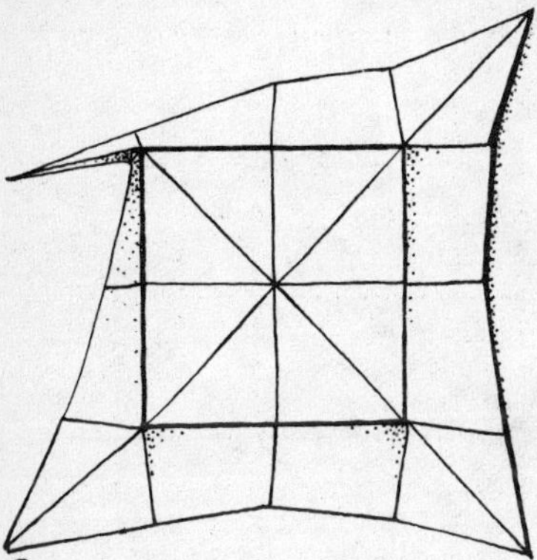

3

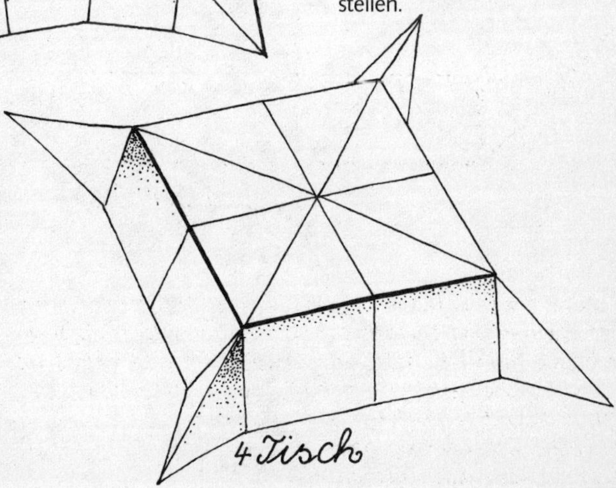

4 Tisch

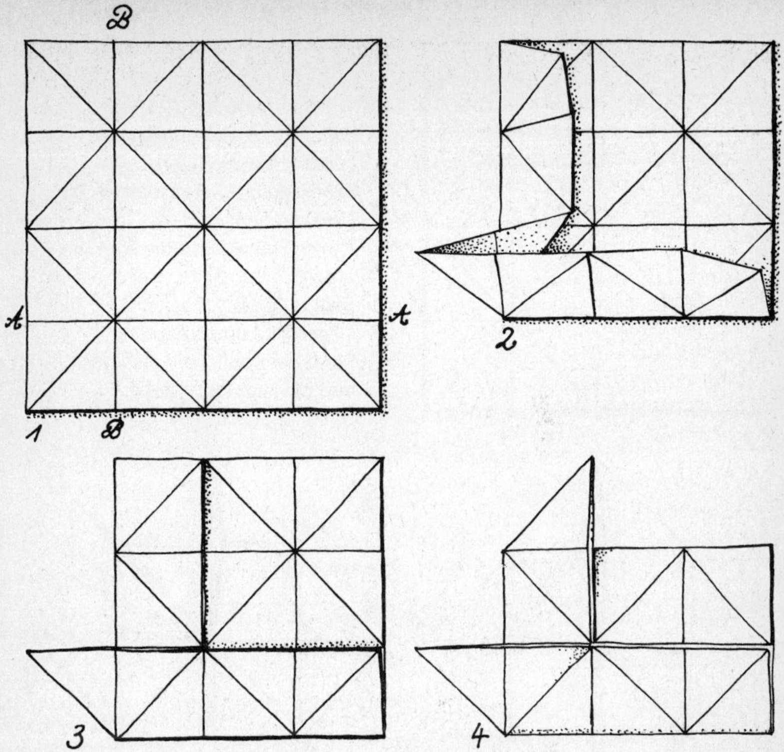


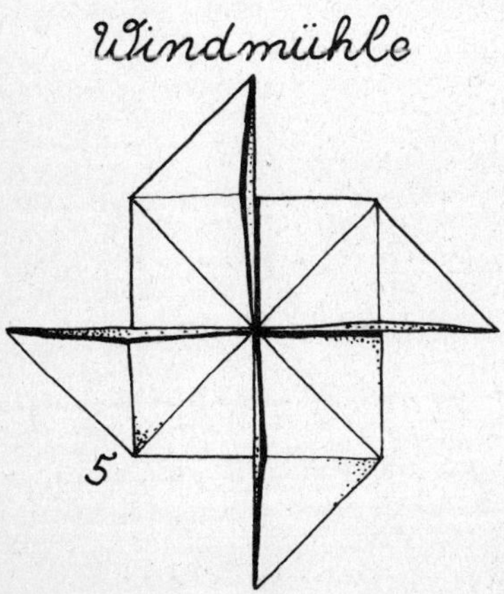


**Windmühle**

Die Mühle ist Ausgangsform für viele lustige einfache Faltformen!

1 Das Faltnetz 2 falten
2 zwei Seiten in den Linien A–A und B–B so übereinanderfalten, daß sich eine dreieckige Tüte bildet
3 das Blatt drehen und die nächste Ecke genauso einschlagen
4 alle vier Ecken so zu Flügeln formen.

Mit einer Nadel und zwei Perlen an einem Stab befestigt, dreht sie sich lustig im Wind. Man kann sie auch bunt bemalen oder bekleben.

**Flunder**

1 Faltnetz 2 falten
2 Windmühle, Seite 21, herstellen
3 Zipfel A nach oben gegen den Mittelpunkt klappen und Zipfel B an die Diagonale falten, danach die Form drehen
4 Zipfel C fassen und die Form an der gesamten Seite öffnen, um die Ecke in der Diagonalen D – E zur Gegenseite umzubiegen.
5 So ist die Kopfform entstanden, und die Flunder ist fertig.

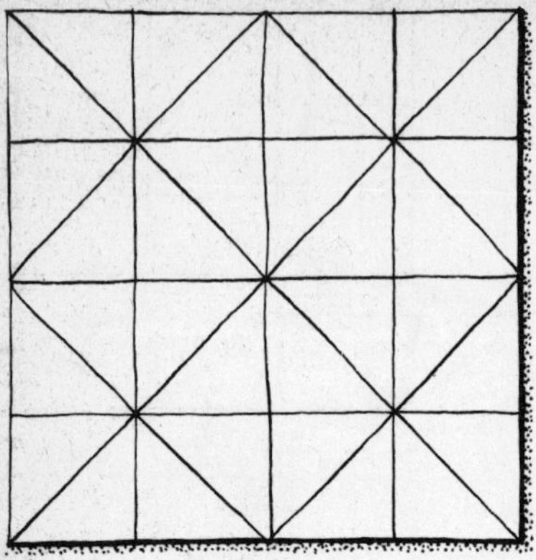

1

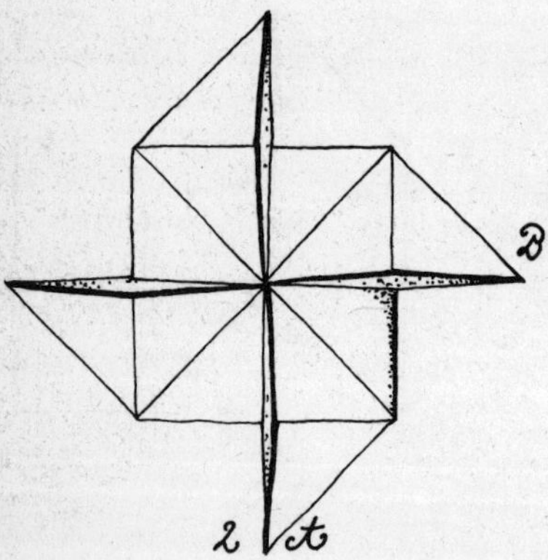


2

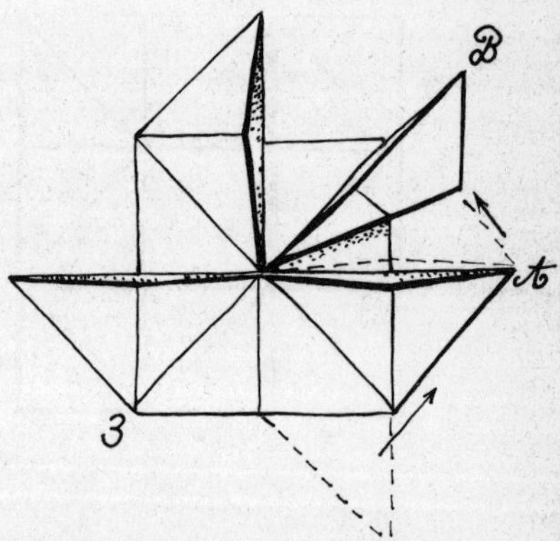


3

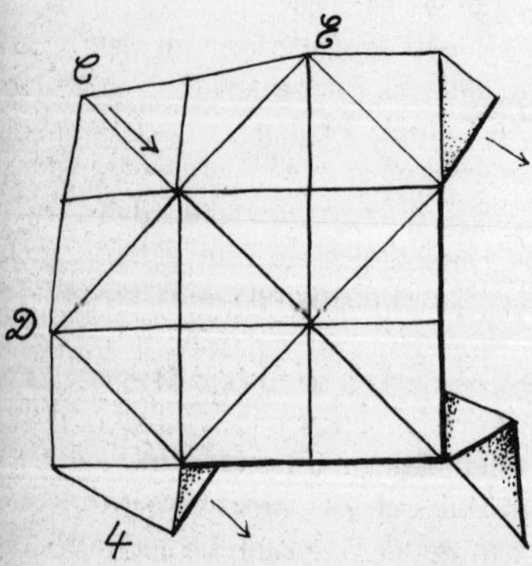


4

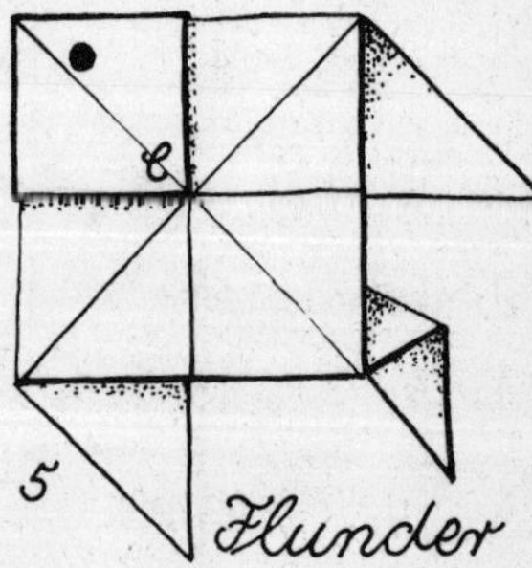


5

Flunder

**Vase**

1 Windmühle, Seite 21, falten
2 eine Seite der Mühle in der Diagonalen nach rückwärts umklappen, dabei dreht sich ein Zipfel
3 die nun fertige Vase etwas drehen und aufstellen

**Schiffchen**

4 Zipfel A der Vase an den Zipfel B hochklappen
5 fertig ist ein Schiffchen mit Schornstein.

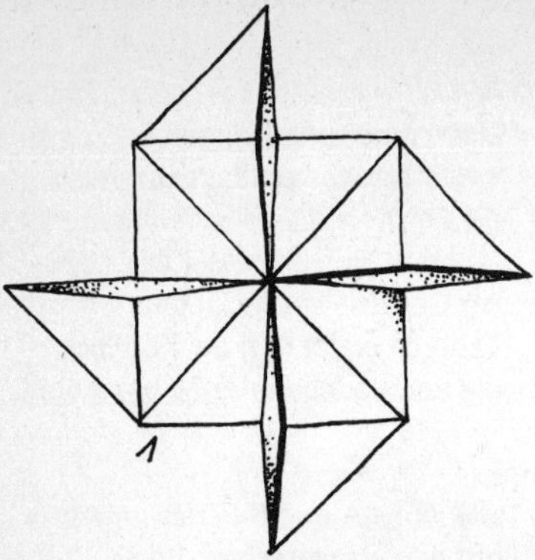


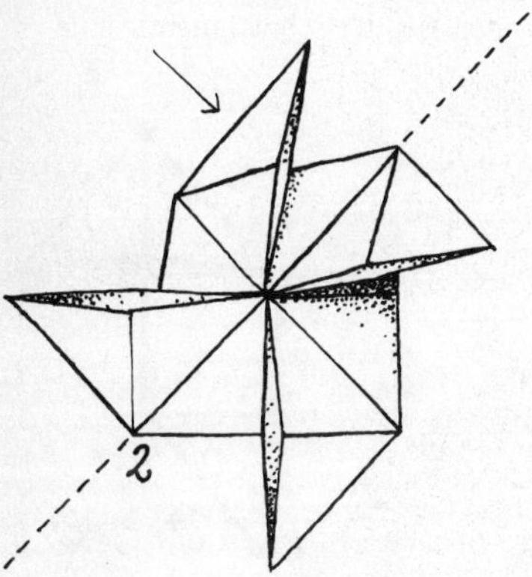


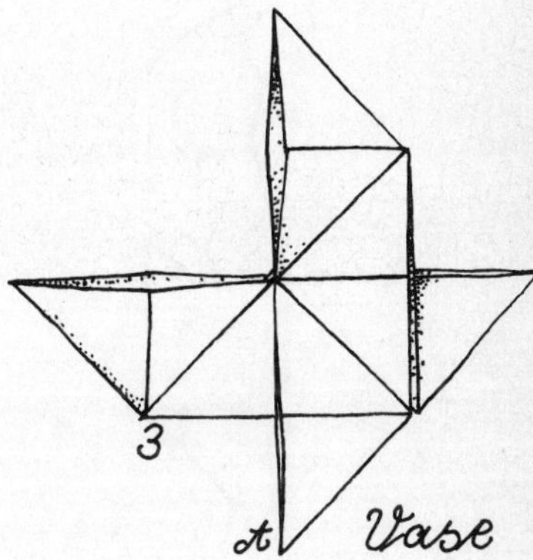


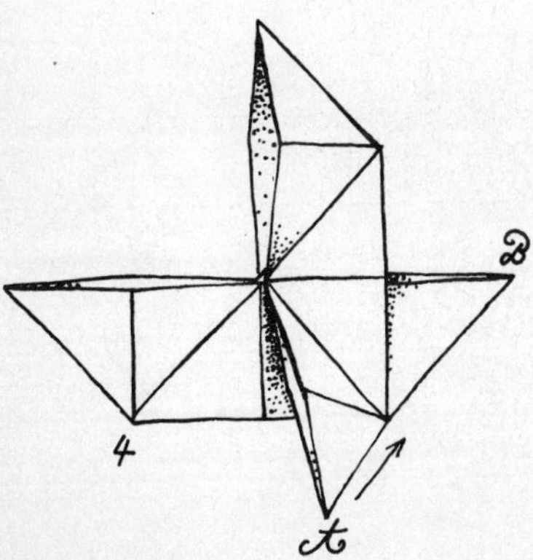


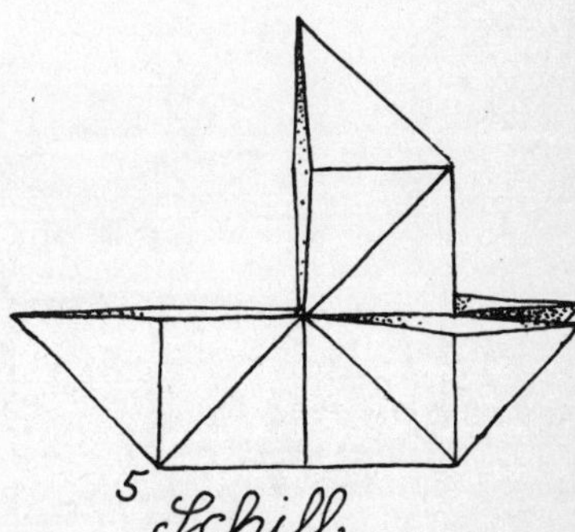

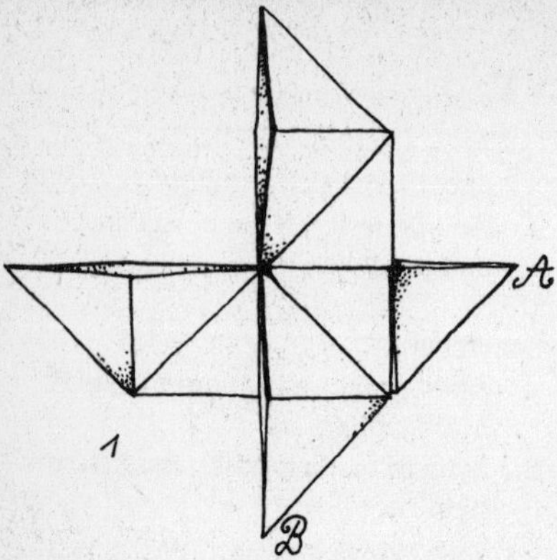


**Vogel**

1 Vase, Seite 25, falten
2 den hinteren Zipfel A gegen den Zipfel B herunterklappen und dann in die Tasche von Zipfel C fassen, die Form an dieser Seite öffnen und den Zipfel C in der Diagonalen zur Gegenseite umklappen,
3 dadurch ergibt sich die Kopfform, die dann noch ein Auge bekommt.

**Ente**

4 Die Zipfel A und B in das Innere um den waagerechten Bruch stecken
5 fertig ist die schwimmende Ente.

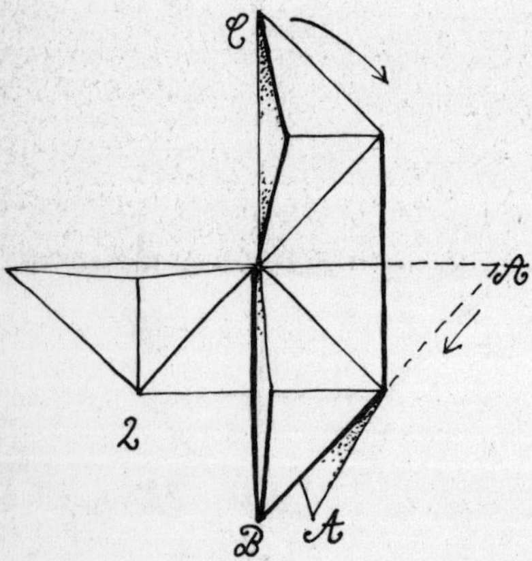


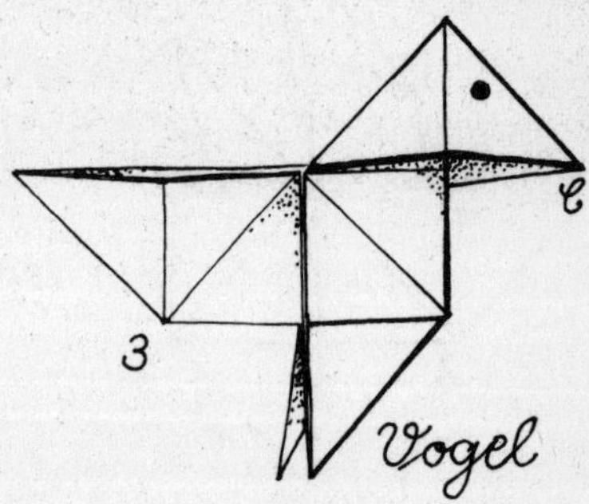


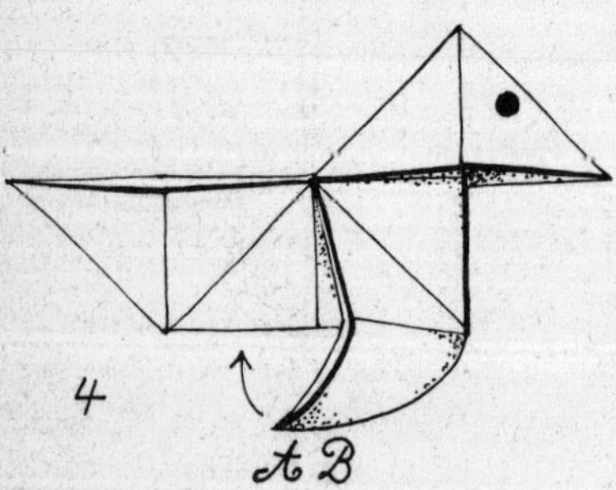


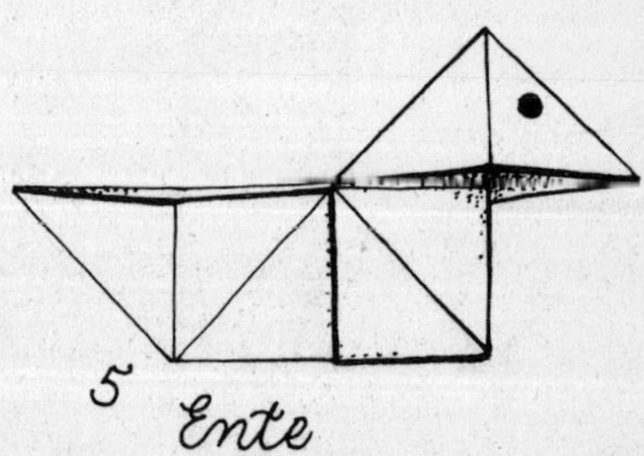

1

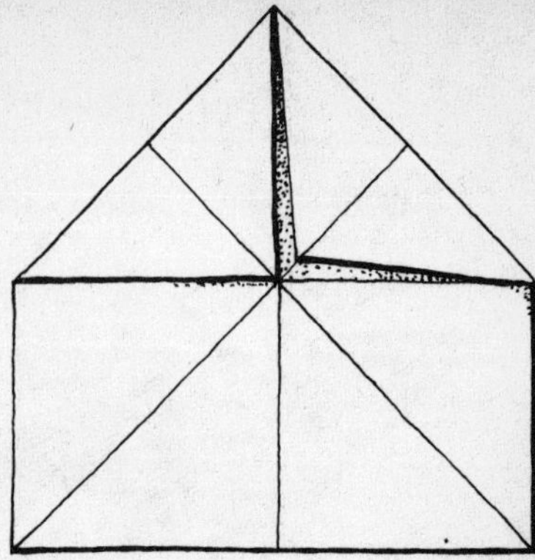

2

**Häuser**

1 Das „gerade" und das „schräge Kreuz" falten

2 die beiden oberen Ecken mit den Spitzen zum Mittelpunkt falten, so daß eine Dachform entsteht. Schon ist das Haus fertig. Man kann Häuser in vielen Farben und Größen falten und mit Fenstern und Türen bemalen, sogar eine ganze Stadt kann dabei entstehen.

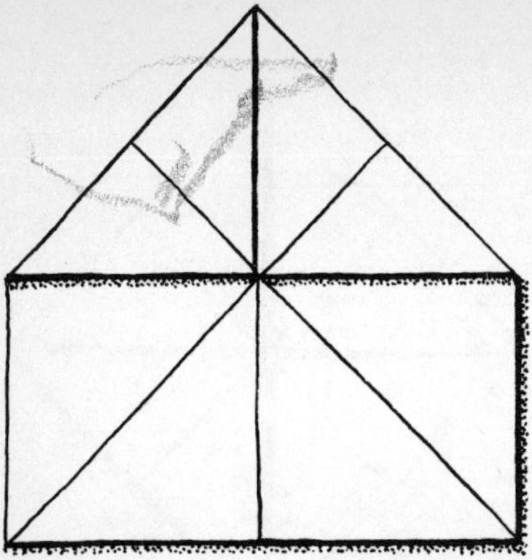

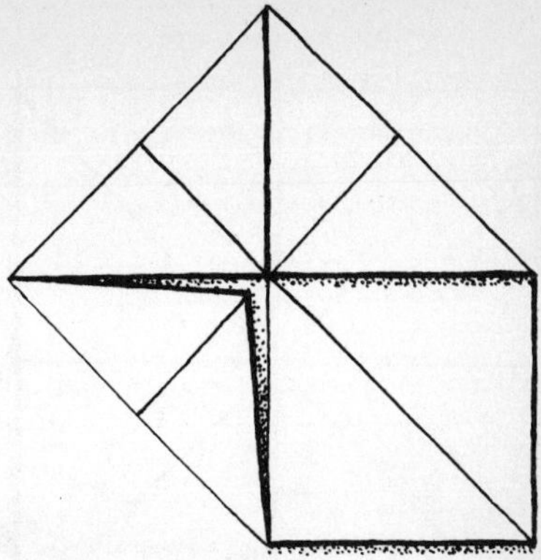

**Briefumschlag**
Faltet man bei dem Haus noch eine Ecke zur Mitte, entsteht ein Briefumschlag. Er wird mit einem bunten Klebepunkt zusammengehalten und mit einer lustigen Briefmarke beklebt.

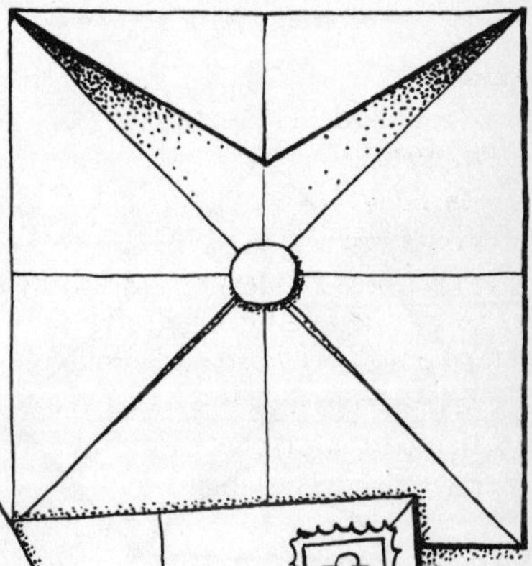

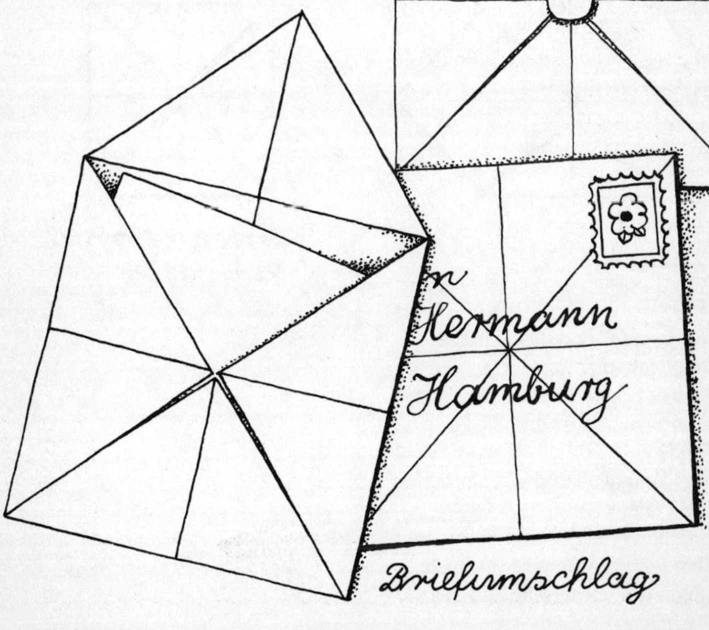

# GRUNDFORM 2

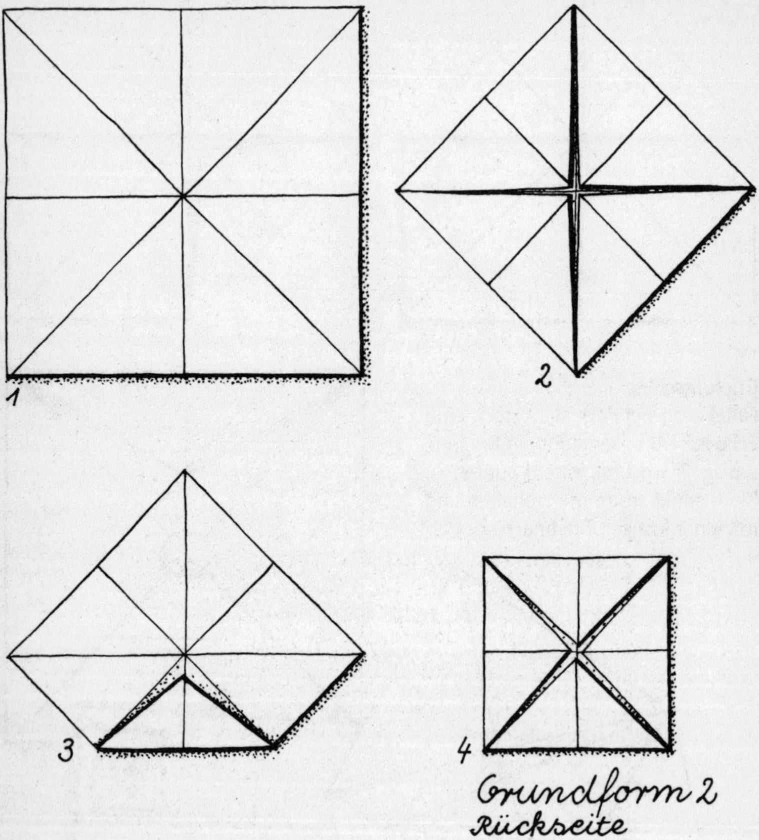


1 Das „gerade" und das „schräge Kreuz" falten
2 alle vier Ecken mit der Spitze zum Mittelpunkt falten und die Form wenden
3 noch einmal alle Ecken zum Mittelpunkt falten
4 so sieht die fertige Grundform aus.

Auf dem Foto ist oben die Rückseite und unten die Vorderseite zu sehen.

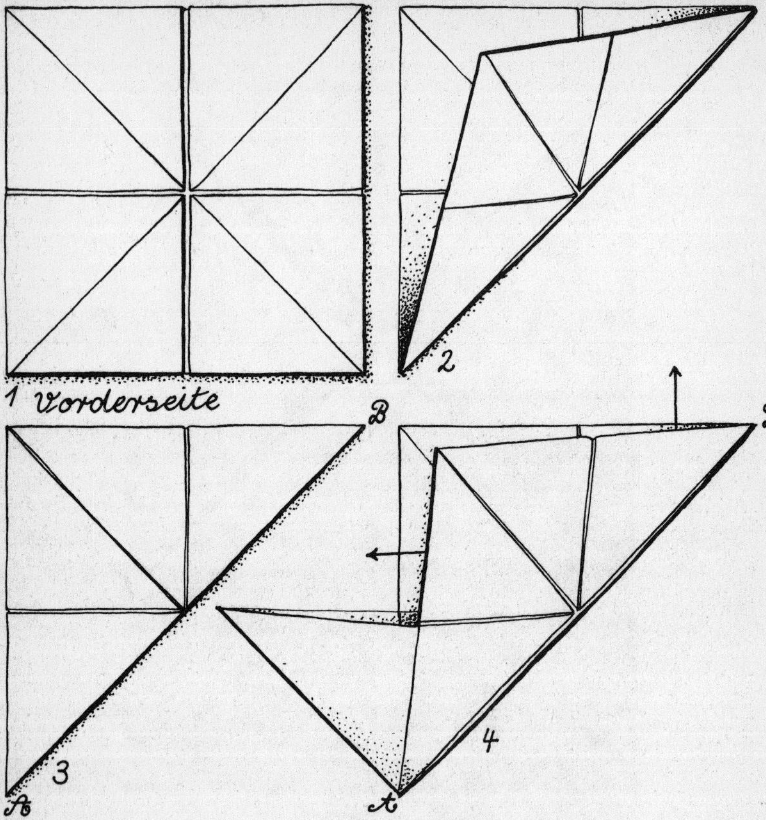


**Krone**

1 Grundform 2, Seite 30, falten, die Vorderseite nach oben legen
2 die Form diagonal falten
3 den Kniff fest ausstreifen
4 an den Ecken A und B die inneren Zipfel herausziehen und zu Kronenzacken aufstellen.

**Bett**

Aus der fertigen Krone kann man auch noch ein Bett falten, indem man die Zipfel in der Mitte nach innen umschlägt.

Krone

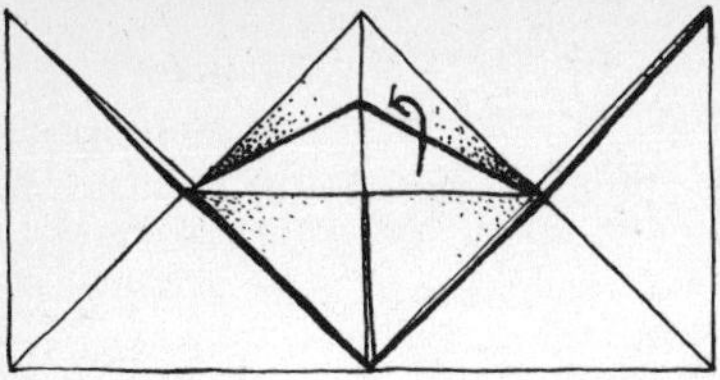

Bett

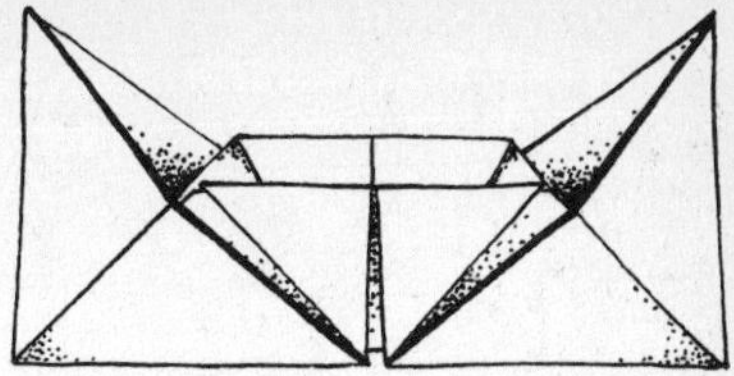

1

## Salzfaß oder Himmel und Hölle

1 Grundform 2, Seite 30, falten, die Vorderseite nach oben legen
2 die Form mit beiden Händen so eindrücken, daß die diagonalen Brüche tief liegen und die geraden hochgedrückt werden
3 an einer Ecke unter die Lasche fassen und die Ecke so nach außen ziehen, daß sich eine Tüte bildet
4 so alle vier Ecken nach außen ziehen, daß die Tüten an der Unterseite zusammenstoßen.

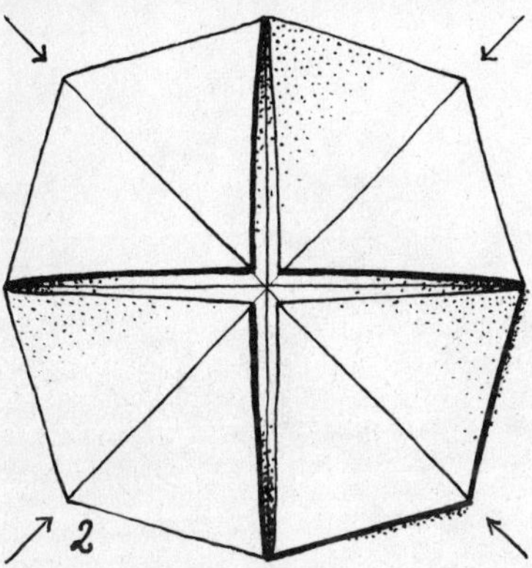

2

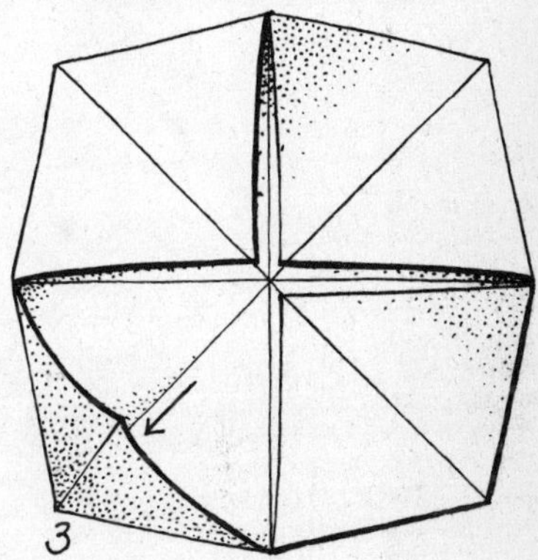

3

Salzfaß

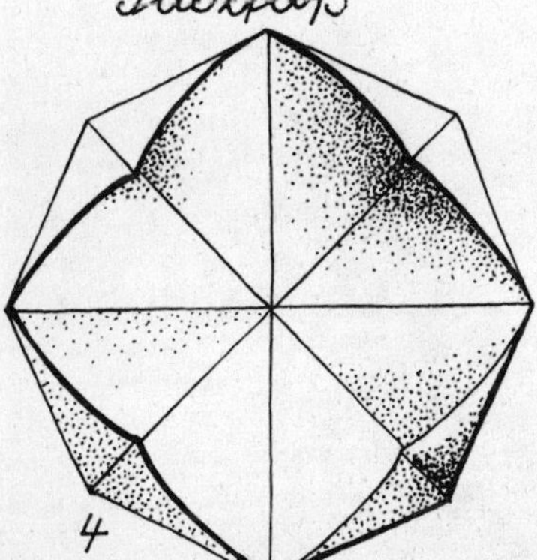

4

So ist ein Salzfaß entstanden.
Wenn man nun das Salzfaß umdreht und von unten in die vier Fächer faßt, läßt sich die Form bewegen, öffnen und schließen zu „Himmel und Hölle“. Eine Öffnung, die Hölle, kann man schwarz anmalen, der Himmel bleibt weiß. Oder man bemalt sie mit lustigen Mustern.

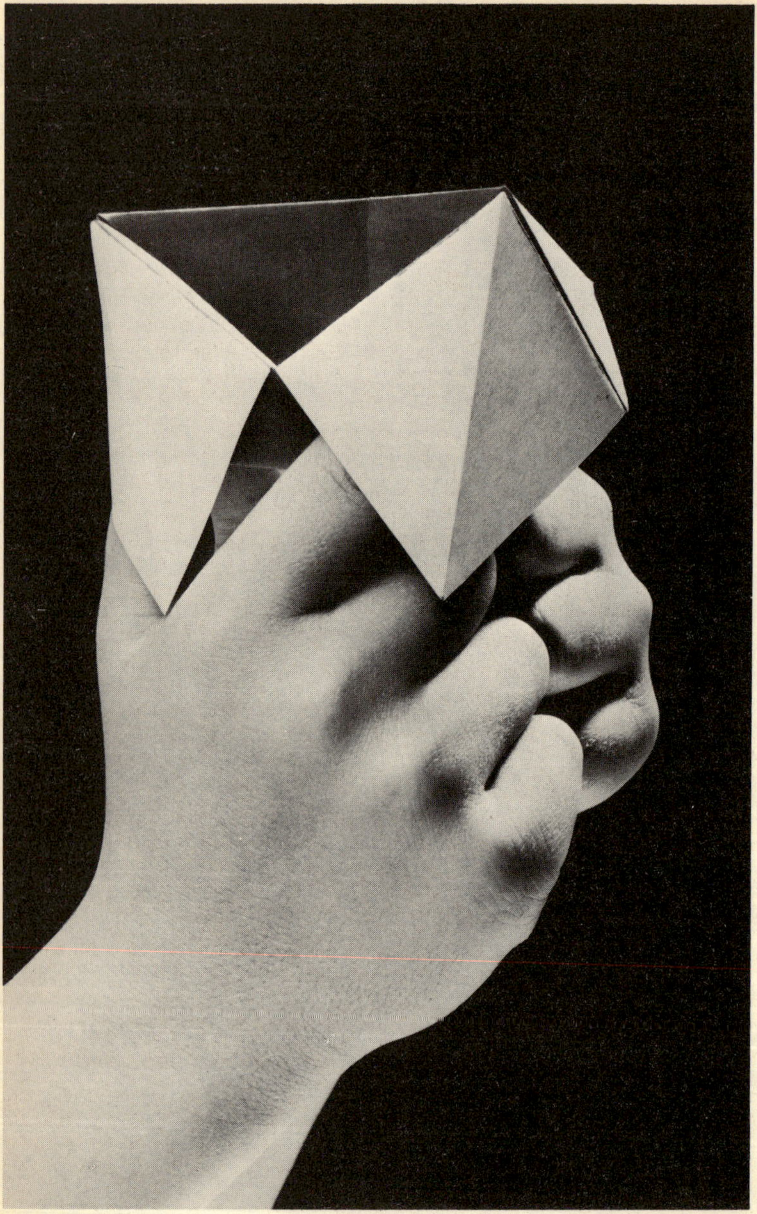

## Fisch

1 Grundform 2, Seite 30, falten, die Vorderseite nach oben legen
2 eine Ecke zum Mittelpunkt falten
3 alle vier Ecken zum Mittelpunkt falten und die Form wenden
4 unter eine Lasche fassen und die sich öffnende Form nach oben schieben
5 die Form flachdrücken
6 drei Ecken flachdrücken, und der Fisch mit Flossen und Schwanz ist fertig.

1

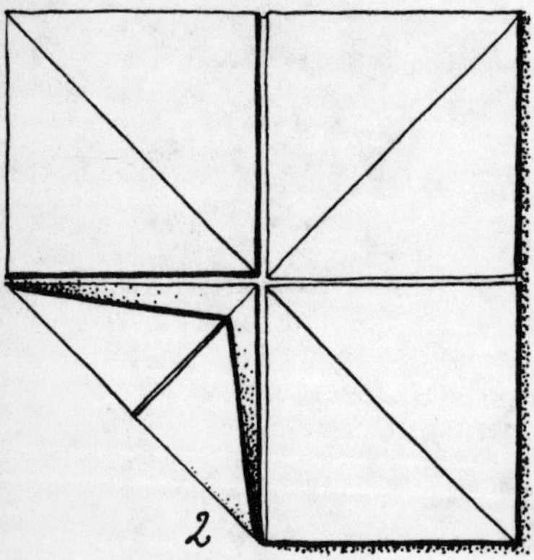

2

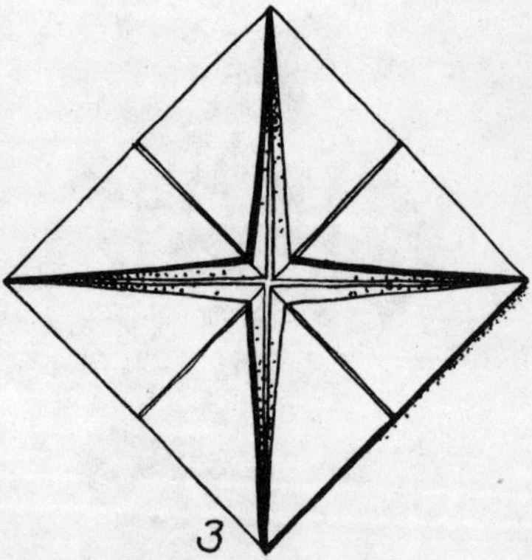

3

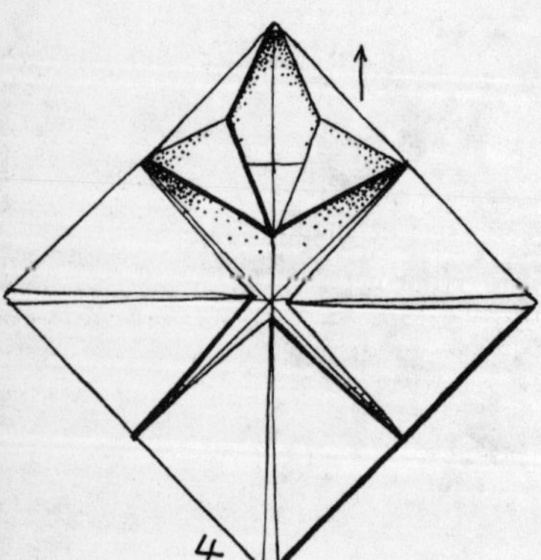

4

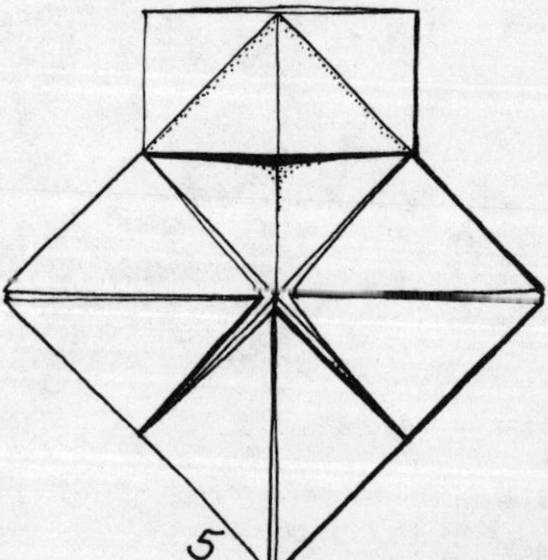

5

Zum Schluß bekommt er noch ein Auge, und man kann ihn hübsch bemalen.

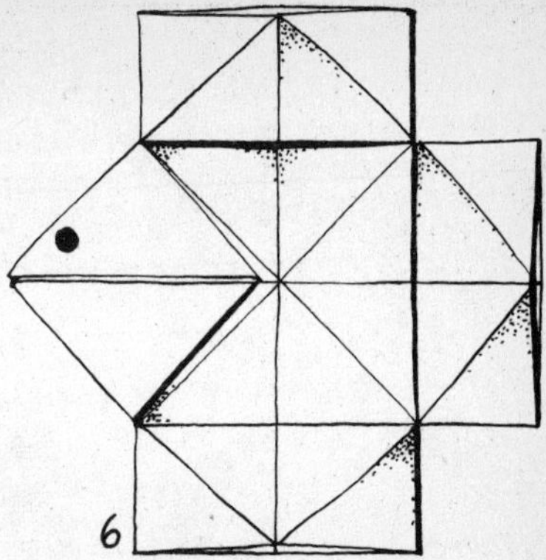

6

**Dampfer**

7 Für den Dampfer die obere und untere Lasche hochschieben und flachdrücken

8 die rechte und linke Lasche an den Spitzen A und B fassen und nach außen ziehen. Dadurch stellt sich der Dampfer von allein auf.

Jetzt bekommt er einen Wattebausch in den Schornstein und kann bunt bemalt werden.

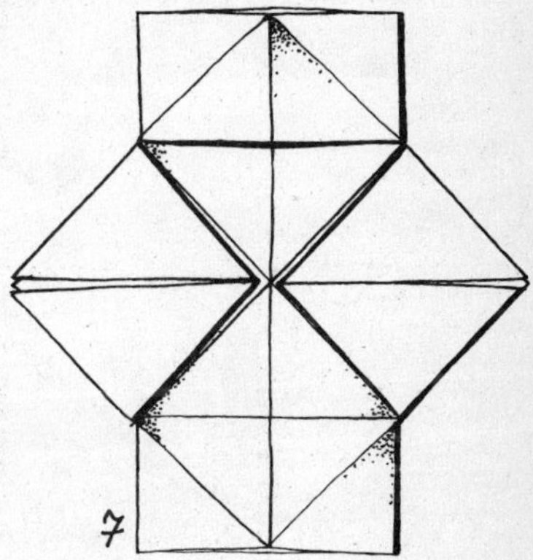

7

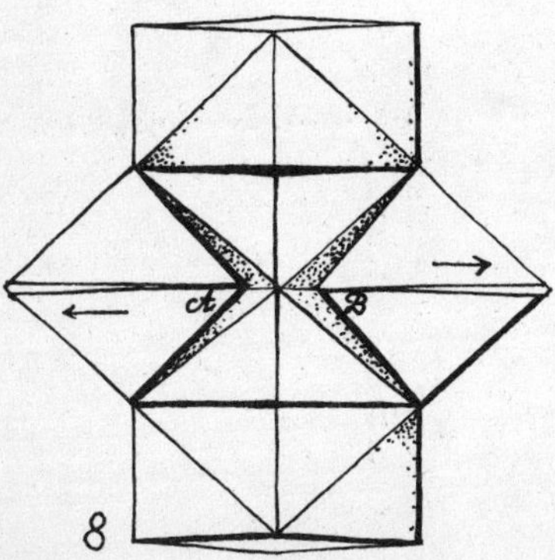


8

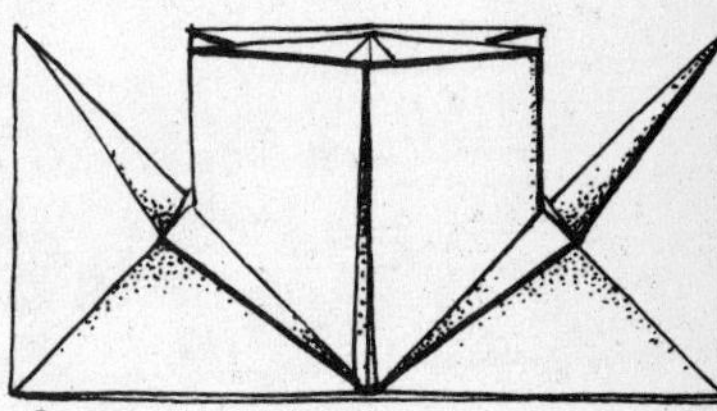

9

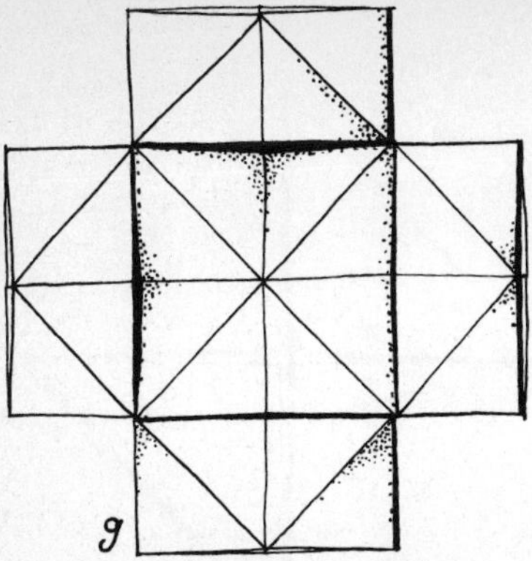

9

Orden

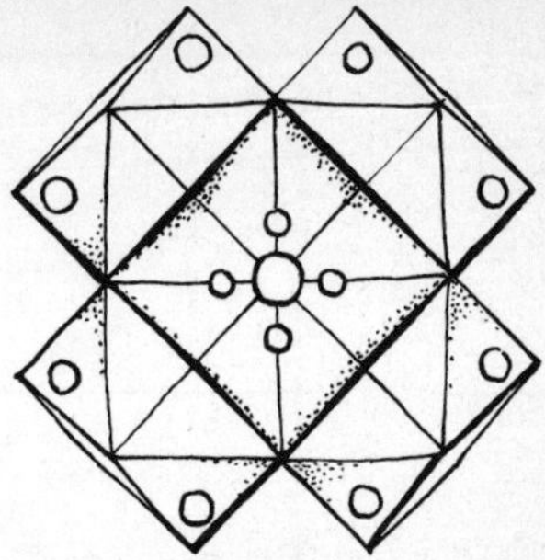

**Orden**

9 Für den Orden alle vier Laschen hochschieben und flachdrücken, den fertigen Orden vielleicht noch bemalen oder bekleben.

**Möbel**

Aus dem Orden kann man nun kleine Möbel für das Puppenzimmer herstellen. Biegt man drei der Laschen nach unten, erhält man einen Lehnstuhl, alle vier Laschen heruntergebogen, ergeben einen Tisch.

möbel

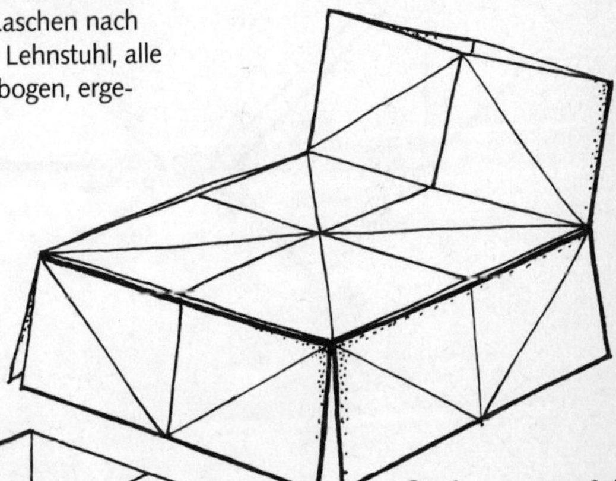

Lehnstuhl

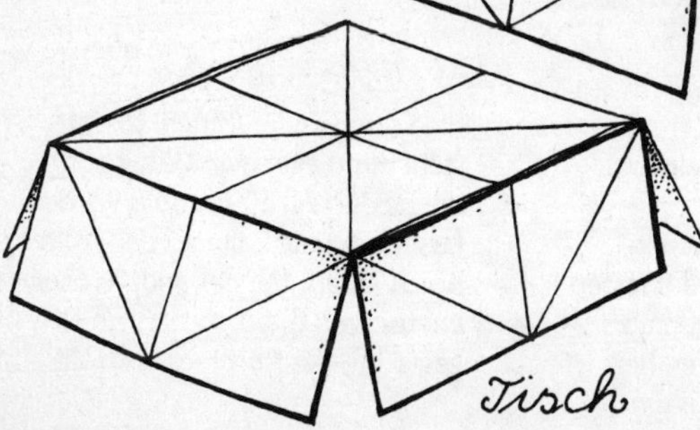

Tisch

# GRUNDFORM 3

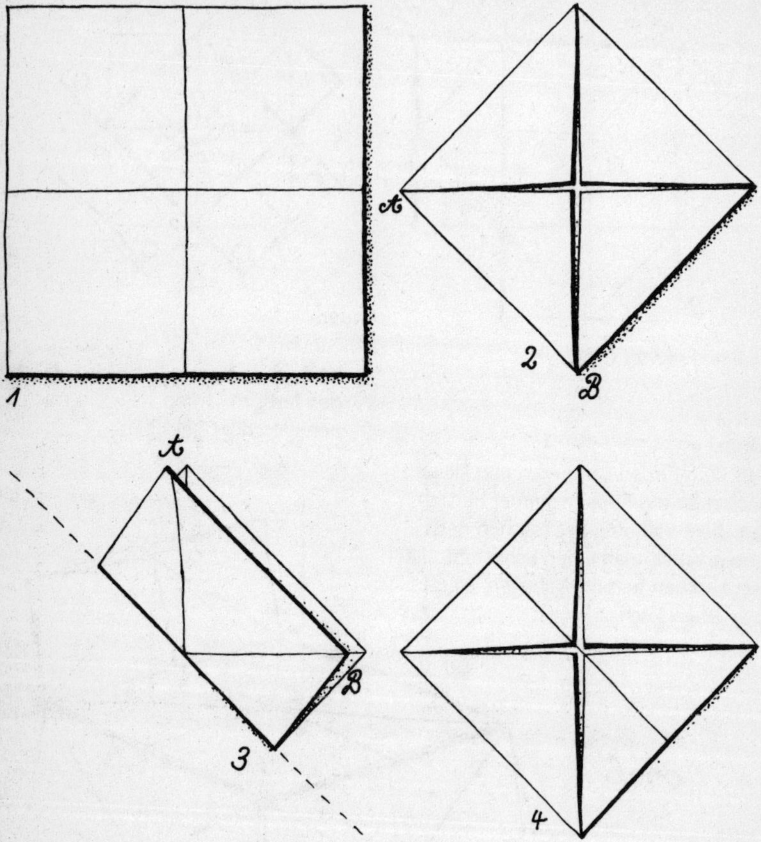


1 Ein gerades Kreuz falten
2 alle vier Ecken zum Mittelpunkt falten
3 bei diesem neu entstandenen Quadrat die Ecken A und B fassen und die ganze Seite diagonal zu den beiden anderen Ecken herüberfalten,
4 die Form wieder öffnen, so entsteht ein diagonaler Mittelbruch
5 die beiden Ecken A und B wieder fassen und die Seite an den Mittelbruch falten. Mit der anderen Seite ebenso verfahren, so daß ein langes, schmales Rechteck entsteht

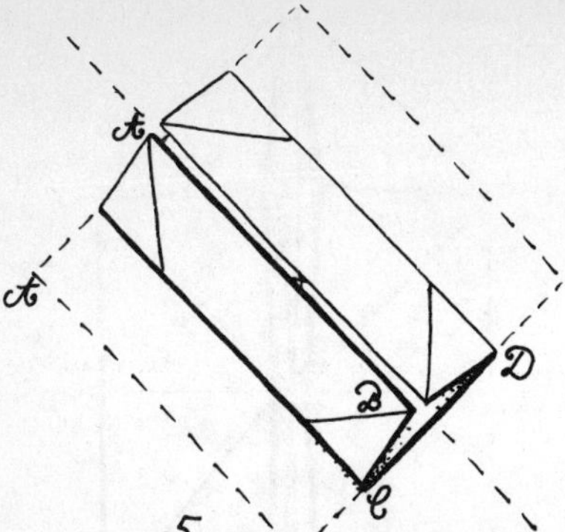


5

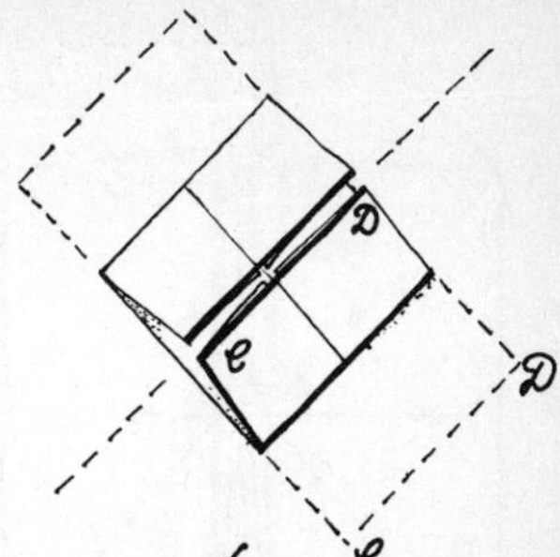


6

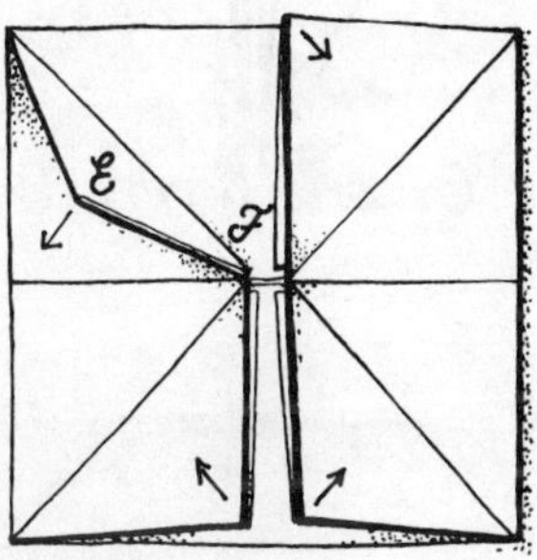


7 vergrößert

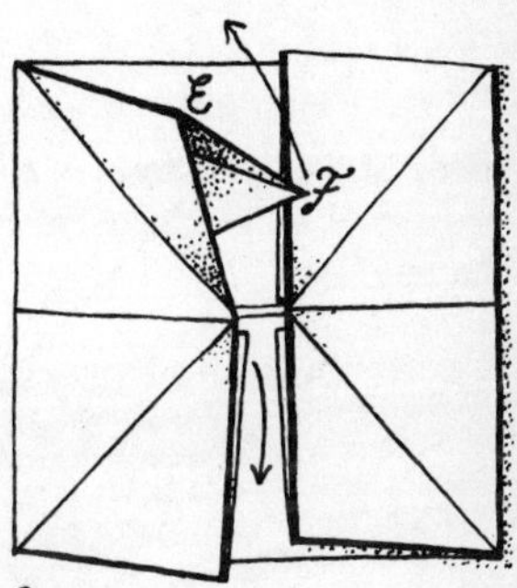


8

6 jetzt die Ecken C und D fassen und diese Seite zur Mitte falten, ebenso die andere Seite. Dadurch entsteht wieder ein Quadrat

7 das Quadrat drehen und die Ecke E diagonal zum Mittelbruch umfalten. Alle Ecken so falten und danach wieder zurücklegen

8 nun den Zipfel F, der unter der Ecke E liegt, fassen und nach oben ziehen. Diese Ecke als Tasche herausstülpen, dabei die rechte Seite festhalten und die Diagonale innen flachfalzen. Die Ecke darunter nach unten ziehen und an der rechten Seite genauso verfahren

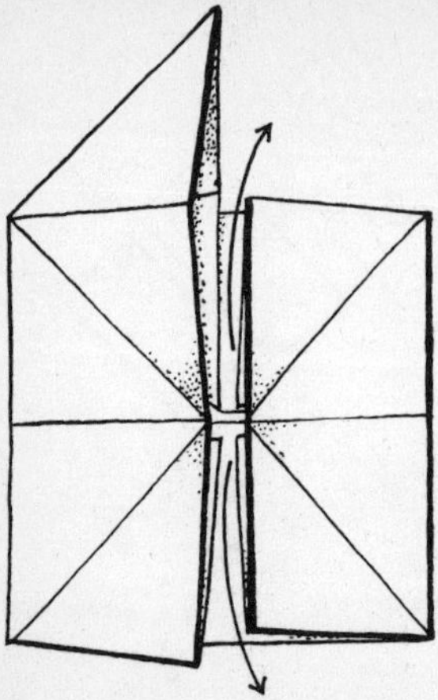

9

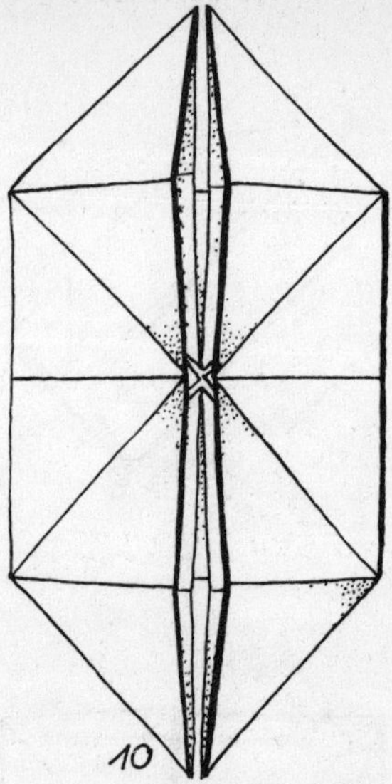

10

9 fertig ist die Grundform 3, aus der man viele, schwierigere Faltformen basteln kann.

Grundform 3

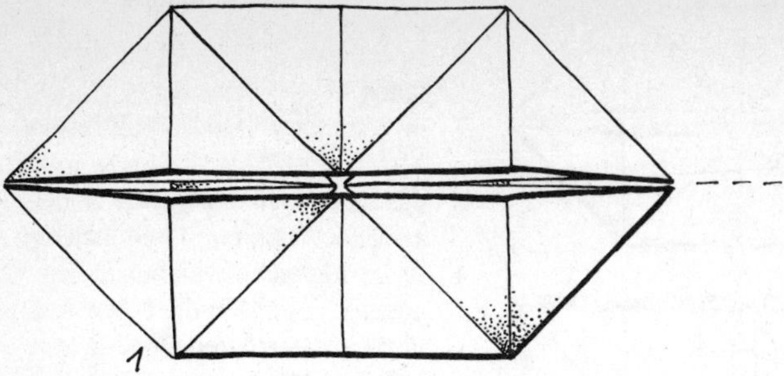

1

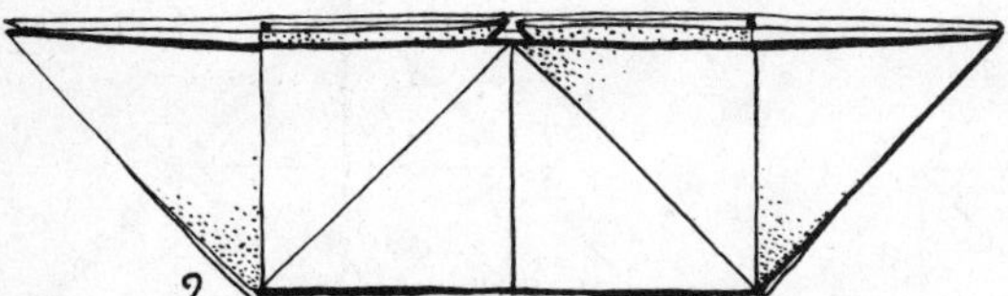

2

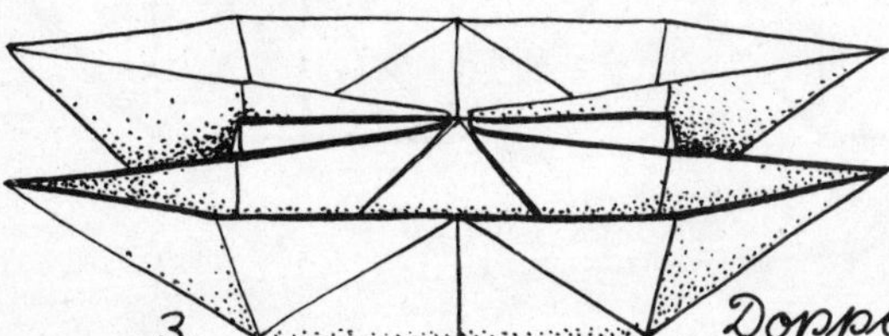

3

*Doppelschiff*

**Doppelschiff**

1 Grundform 3, Seite 42 bis 44, falten
2 die Form im Mittelbruch knicken und nach hinten umschlagen
3 nun die Form etwas auseinanderziehen, öffnen und zu einem Doppelschiff aufstellen.

**Segelschiff**

4 Im hinteren Bootsteil das innenliegende Dreieck am Zipfel in der Mitte fassen, herausziehen und zu einem Segel hochstellen.

*Segelschiff*

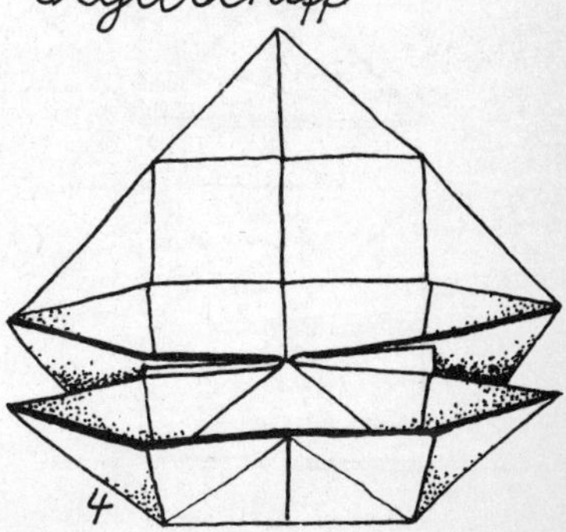

4

**Geldtasche**

1 Grundform 3, Seite 42 bis 44, falten
2 im Mittelbruch knicken und nach hinten umschlagen
3 das hintere, innenliegende Dreieck am Zipfel fassen und herausziehen
4 das vordere Dreieck ebenso herausziehen, danach die Ecken A, B und C des vorderen Dreiecks zum Mittelpunkt nach vorn falten

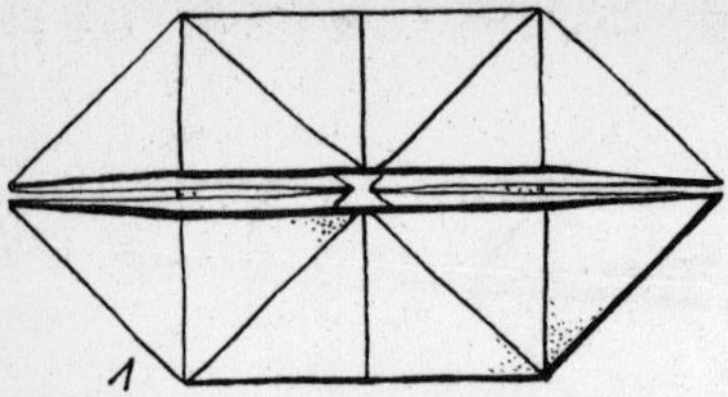


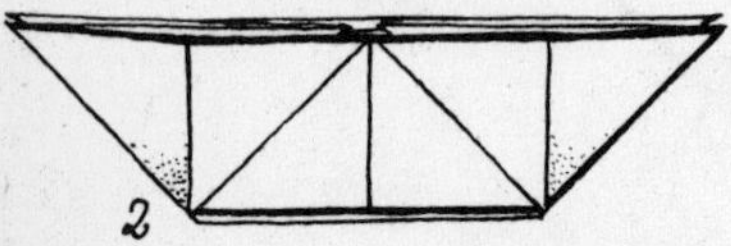


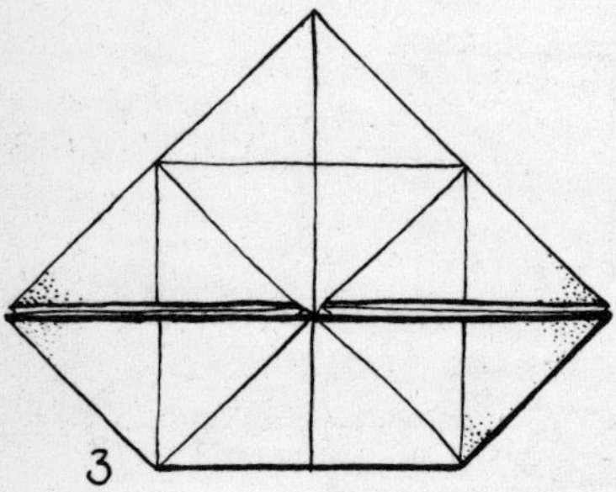


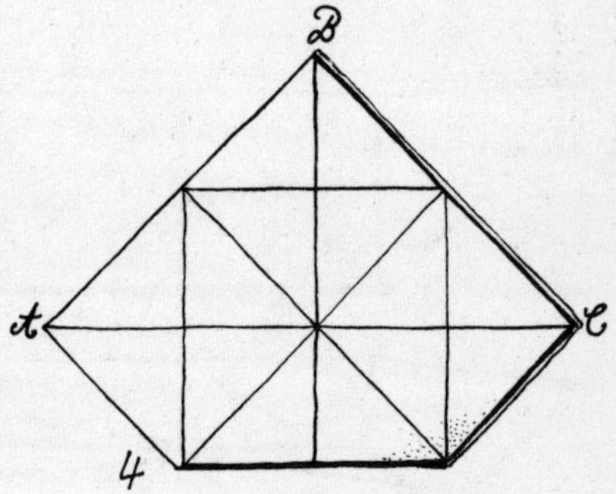


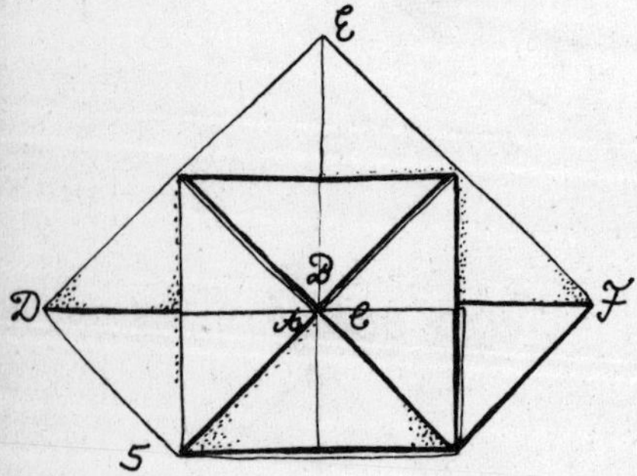


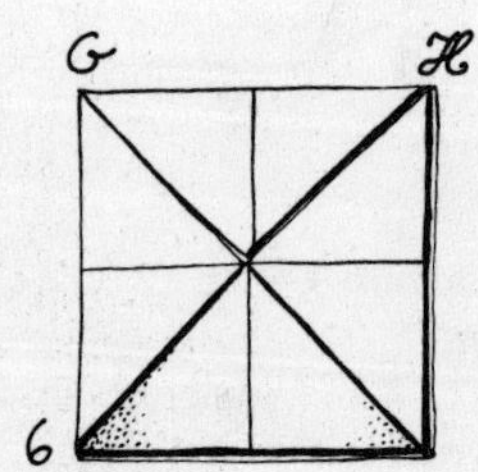


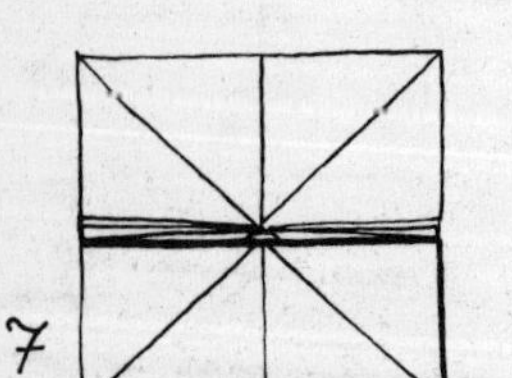


5 die Ecken D, E und F des hinteren Teils zum Mittelpunkt nach hinten falten
6 so entsteht ein Quadrat
7 die obere Hälfte des vorderen Quadrats mit den Ecken G und H umschlagen, Mittelbruch nach vorn umschlagen

8 in die Innenfächer greifen und die fertige Geldtasche etwas auseinanderziehen

9 zum Schließen der Geldtasche die hintere Klappe über die Fächer und die Vorderseite schlagen.

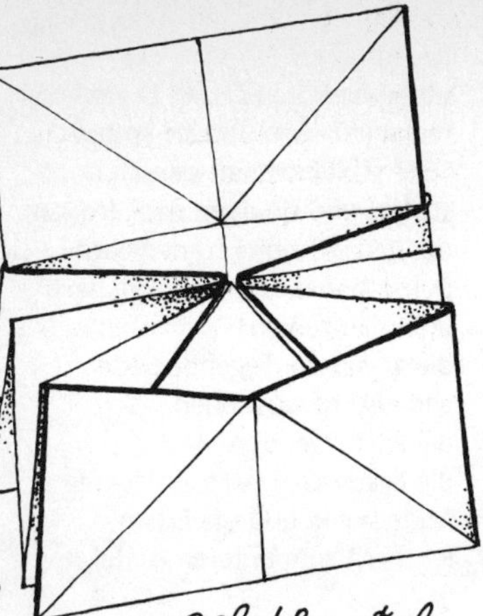

8 Geldbeutel

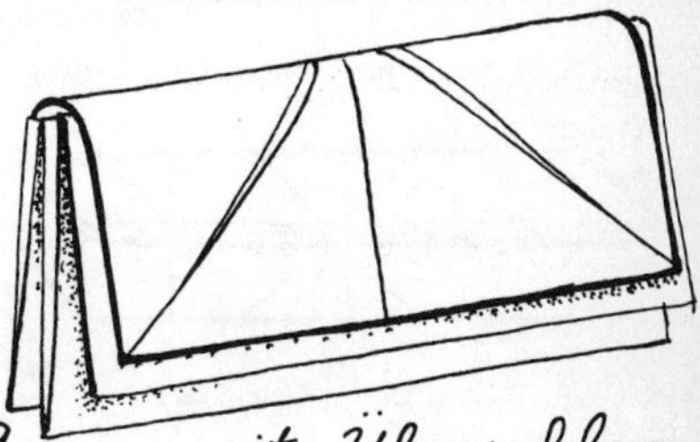

9 mit Überschlag

**Kasten**

Wenn man die Unterseite dieser Geldtasche von der Mitte aus nach unten durchdrückt und die Seiten hochstellt, entsteht ein Kasten.

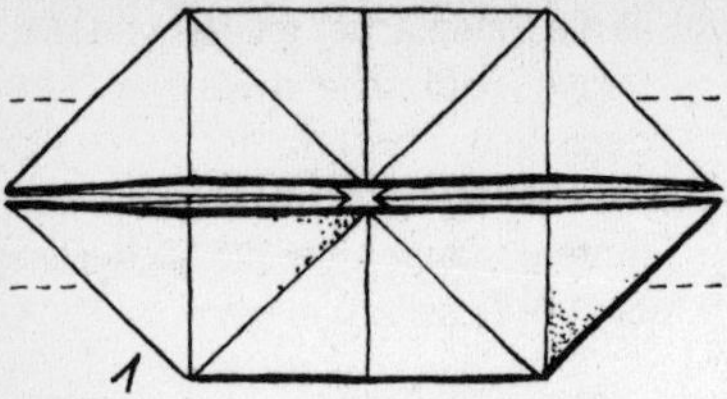

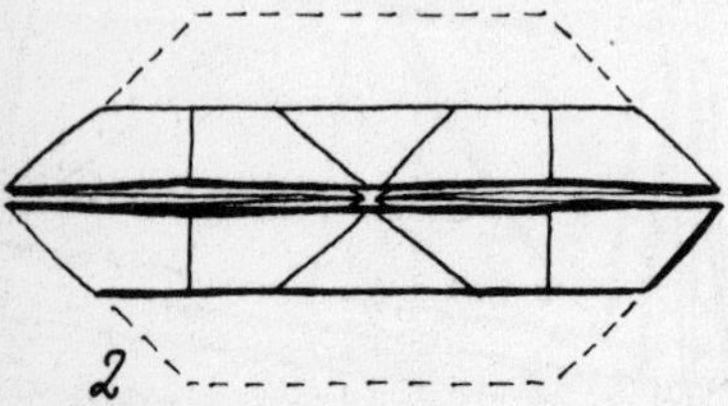

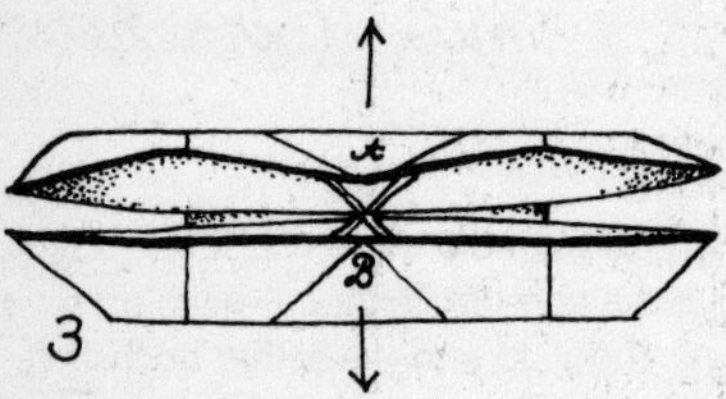


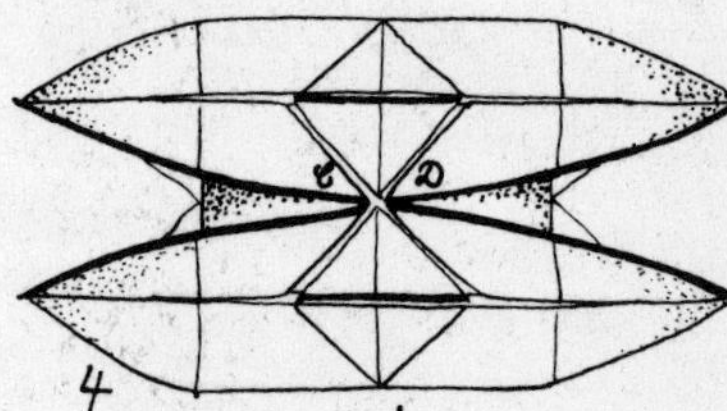


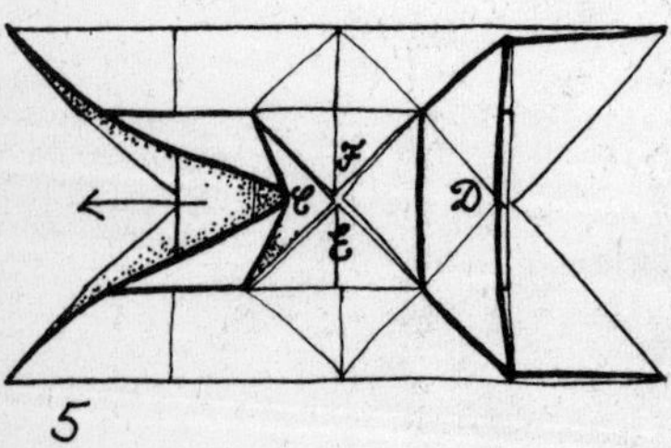


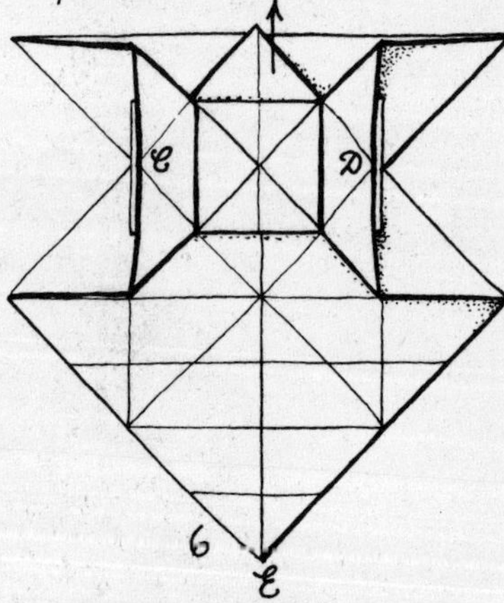


**Gondel**

1 Grundform 3, Seite 42 bis 44, falten
2 den oberen und unteren Teil dieser Form der Länge nach zum Mittelbruch nach hinten zurückfalten
3 innen in die Taschen bei Punkt A und B die Daumen legen und die Form von der Mitte her öffnen
4 die Taschen nun ganz öffnen und flachdrücken
5 unter die Ecken C und D am Mittelpunkt fassen und sie so zur Seite schieben, daß sie sich hochstellen, und sie dann flachdrücken
6 den Dreieckzipfel E am Mittelpunkt fassen und die Form nach unten aufziehen
7 die gegenüberliegende Seite genauso herausziehen
8 die Form wenden
9 die Ecken G – H – J zum oberen Mittelpunkt und die Ecken K – L – M zum unteren Mittelpunkt falten und dann jeweils die Hälfte des oberen und unteren Quadrats einmal in der Mitte nach vorn herüberfalten

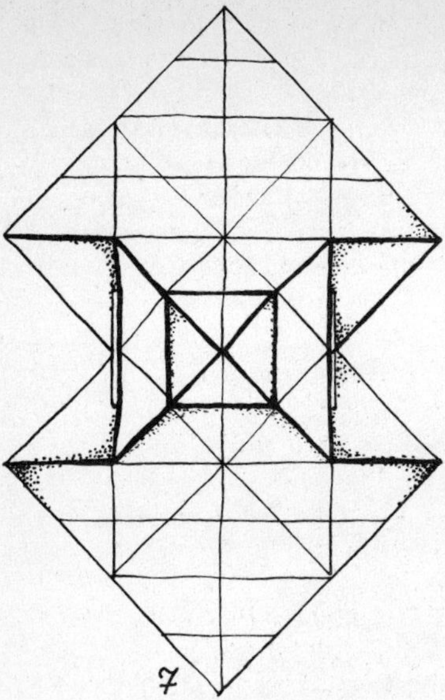


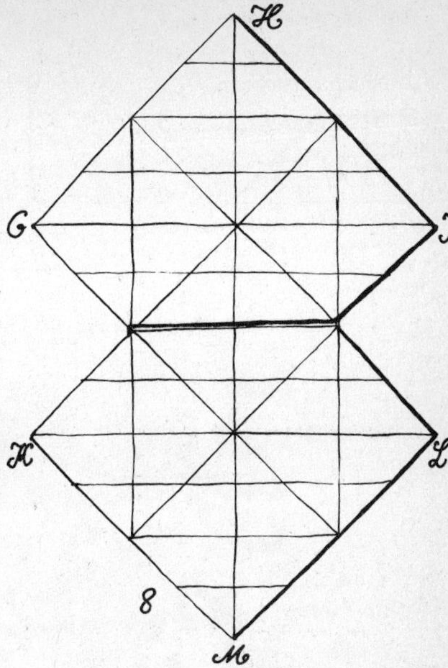


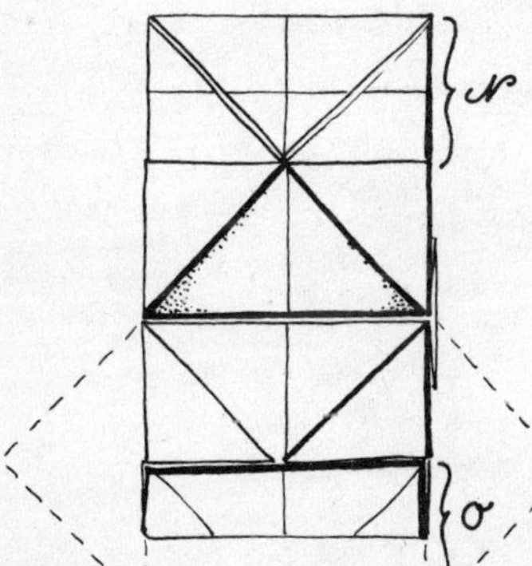


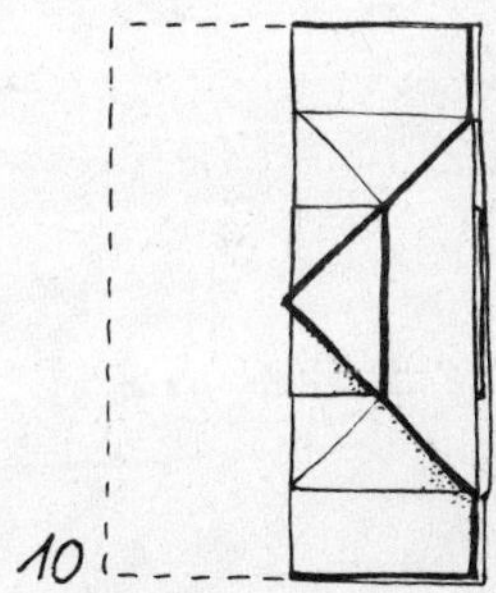


10 diese Form senkrecht im Mittelbruch nach rechts herüberknicken und zusammenlegen

11 das Ganze drehen, an den eingezeichneten Punkten mit Daumen und Zeigefinger fassen und dann die Form nach oben im Bogen hochziehen

12 so stellt sich die Gondel auf, mit etwas Geschick muß sie dann noch zurechtgebogen werden.

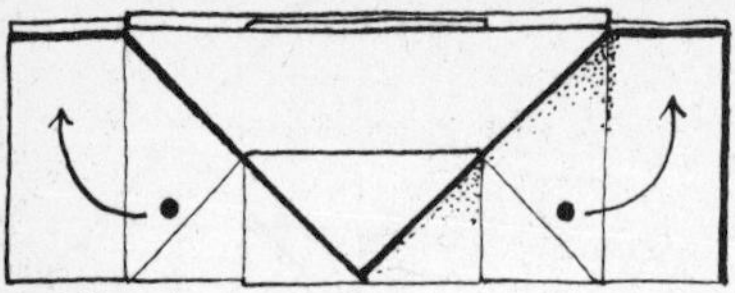

11

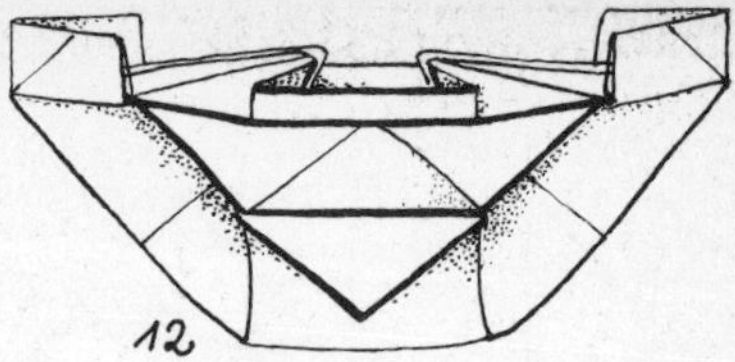

12

Gondel

Neue Gesundheit
durch altes Wissen
Brot am Wegrand
FREIZEIT
UND
FAMILIE
AUTO
MOTOR
VERKEHR

# DAS RECHTECK

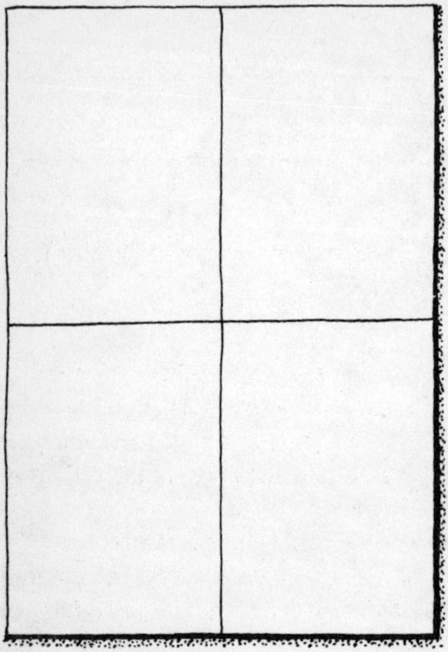

Rechteck

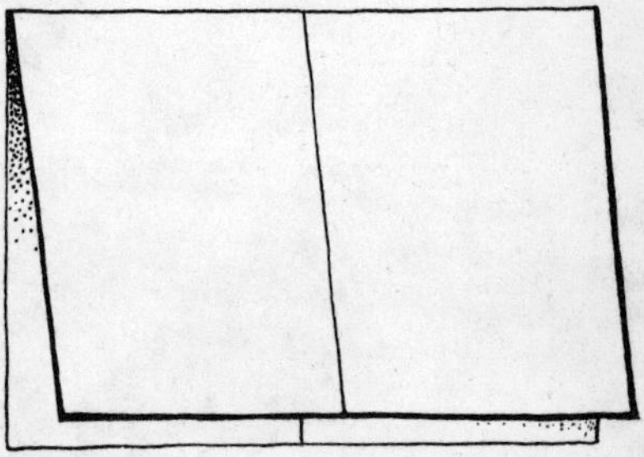

1

Aus dem Rechteck entstehen ganz bekannte Faltformen, wie der Helm oder ein Kahn, den man im Wasser schwimmen lassen kann, oder ein Pfeil, den man durch die Luft schießt.
Hierfür braucht man Papier, das im Format größer ist, also Schreibmaschinen- oder Zeichenpapier, Zeitungspapier, Pack- und Einwickelpapier. Für kleine Faltarbeiten gibt es fertig zugeschnittenes Faltpapier für Origami.
Auch hier ist es wichtig, ein genaues Rechteck zuzuschneiden, damit die Faltform gut gelingt.

Die Grundform für ein Rechteck ist meistens das „gerade Kreuz", das im Grundfalten beim Quadrat erklärt wird.

**Hut**

1 Einen senkrechten Mittelbruch falten und dann das Rechteck waagerecht zur Hälfte falten, so daß die offene Seite nach unten zeigt,

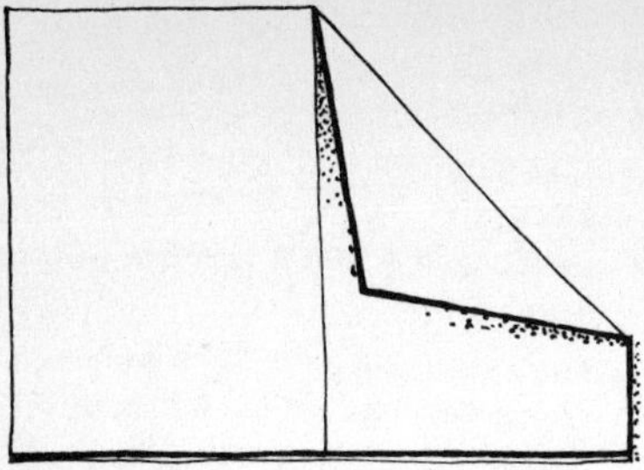

2

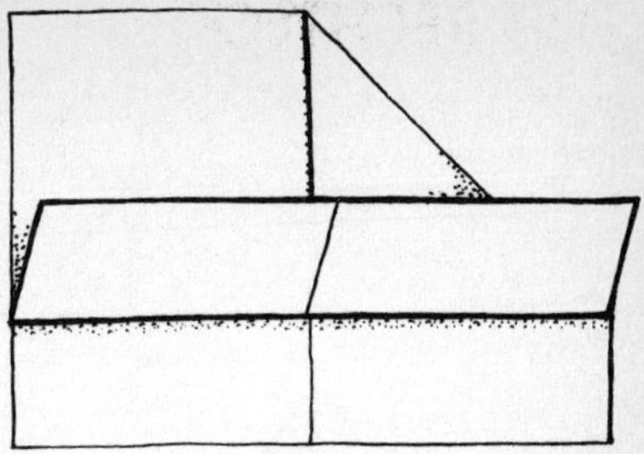

3

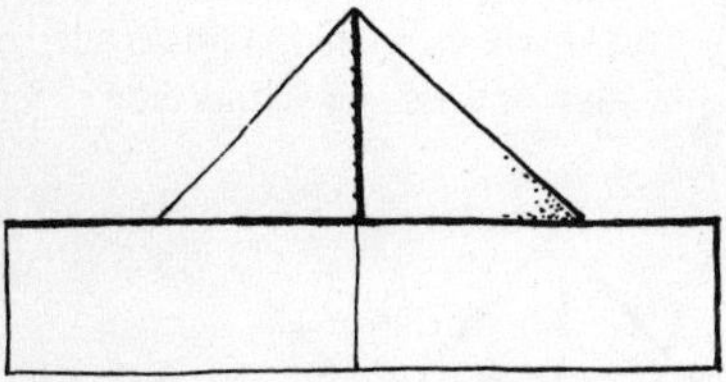

4 Hut

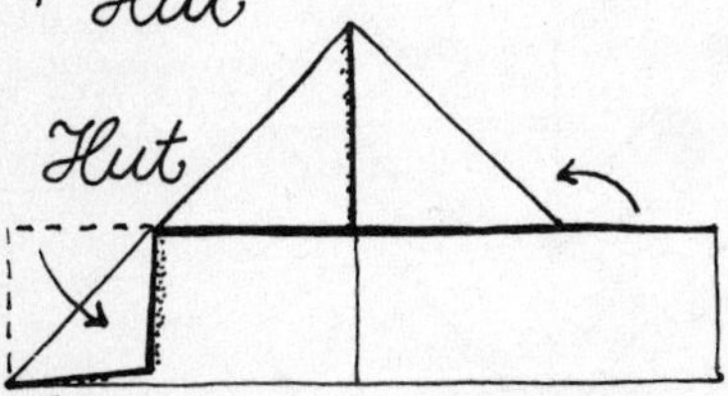


5

2 die rechte obere Ecke an den senkrechten Mittelbruch falten

3 den so entstandenen Rand nach oben hochschlagen und die Form wenden

4 die Rückseite in gleicher Weise falten. Fertig ist der Hut mit einem breiten, überstehenden Rand.

**Helm**

5 Für einen Helm werden die überstehenden Ecken des Randes nach hinten und nach vorne umgeschlagen.

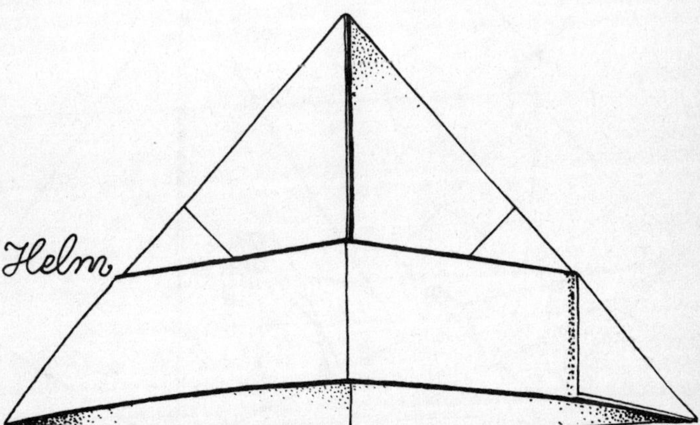

## Pyramide

1 Einen Helm, Seite 53, falten
2 den Helm an den Ecken A und B fassen, öffnen und zusammenklappen
3 die Spitzen A und B aufeinanderlegen
4 zwei Ecken auf jeder Seite wie angegeben nach innen falten, so daß gleiche Dreiecke entstehen
5 die Ecken nacheinander nach innen schlagen, die Pyramide aufstellen und als Zelt schmücken.

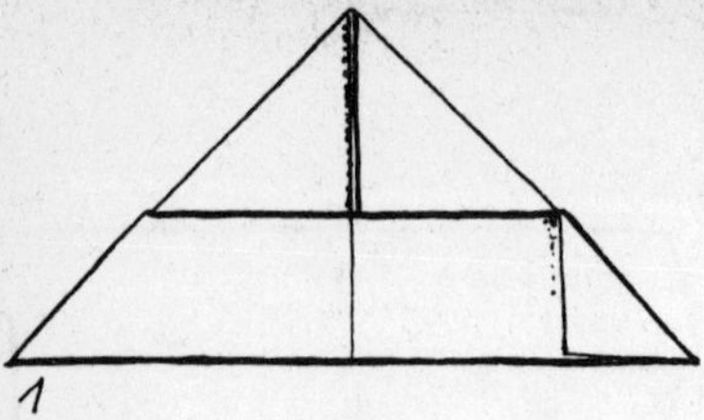


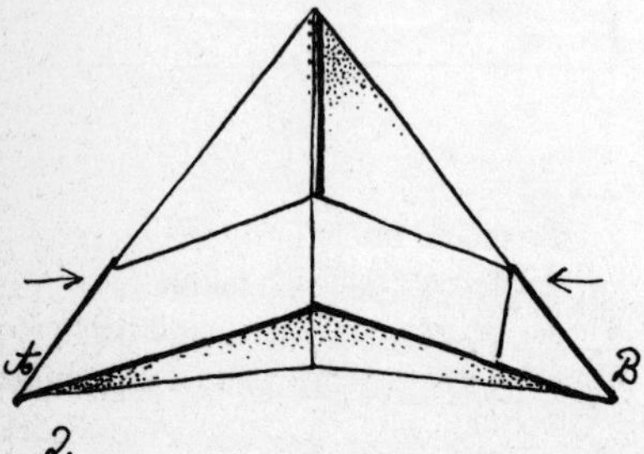


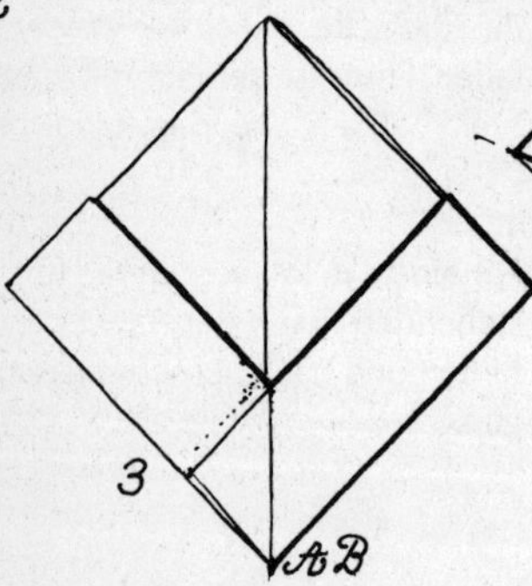


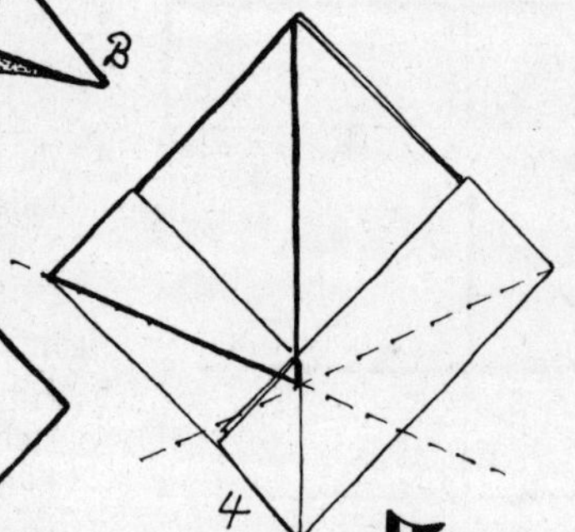


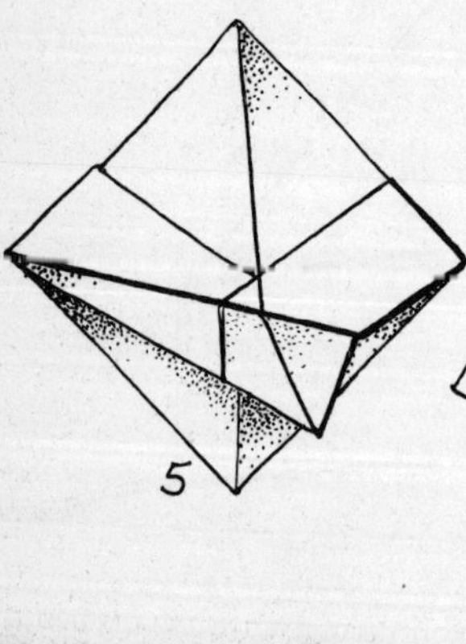


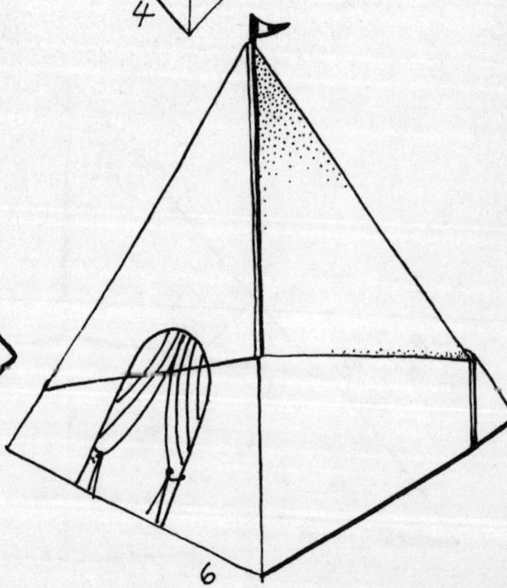

**Kahn**

1 Aus dem Helm Seite 53 die abgebildete Form herstellen
2 die untere Ecke vorn im Mittelbruch nach oben schlagen
3 die Form umdrehen und die andere Ecke ebenfalls nach oben falten
4 die Form unten öffnen, zusammenklappen und die Spitzen A und B aufeinanderlegen
5 jetzt die Spitzen C und D fassen und nach außen ziehen

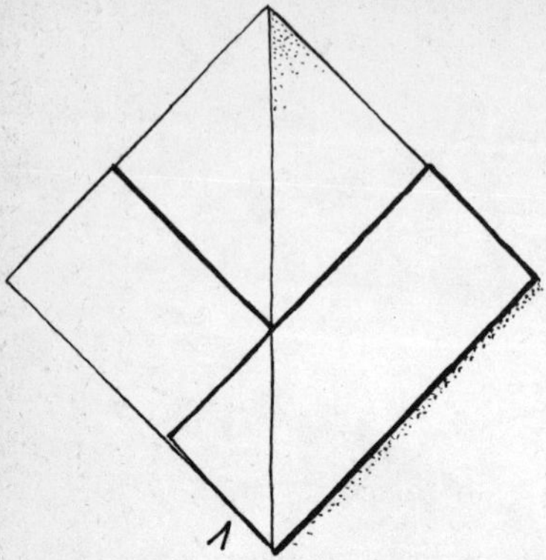


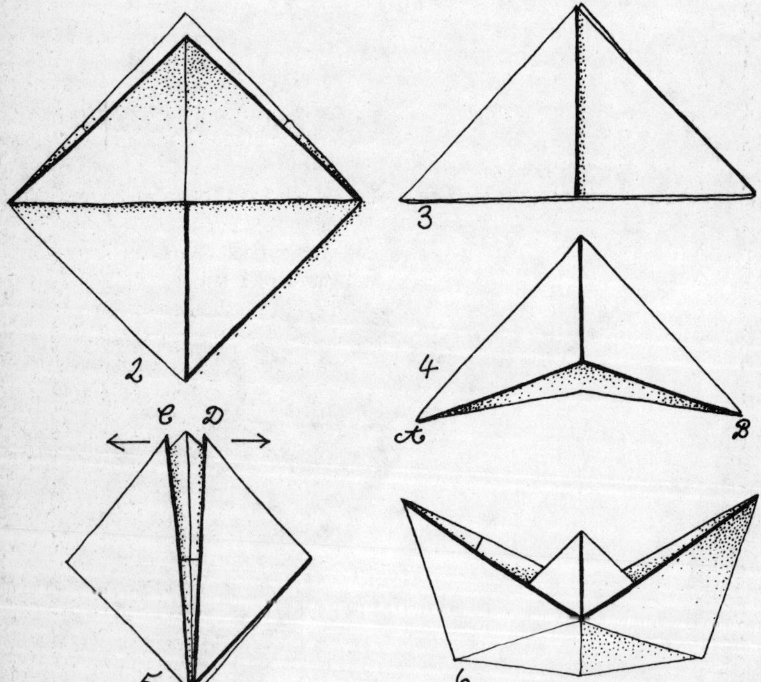

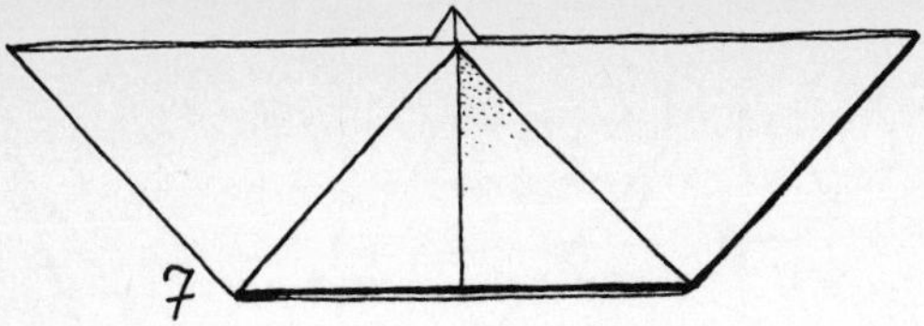


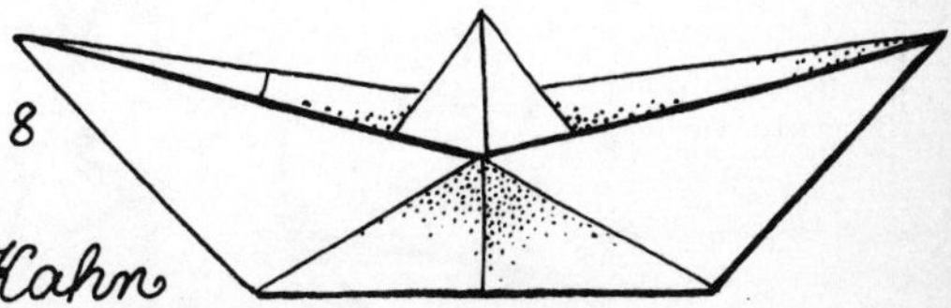


6 dabei stellt sich der Kahn von alleine auf
7 beide Seiten flach aufeinanderlegen
8 den Kahn unten etwas auseinanderbiegen, damit er gut schwimmt.

**Pfeil**

1 In ein Rechteck einen senkrechten Mittelbruch falten und die beiden unteren Ecken an diesen Mittelbruch falten
2 die schrägen Seiten gegen den Mittelbruch falten
3 noch einmal die beiden Seiten zum Mittelbruch falten
4 die jetzt entstandenen diagonalen Brüche hinten zusammenlegen. Dadurch stellt sich der Mittelbruch hoch und es entsteht ein Kiel
5 den zusammengelegten Pfeil an der Unterseite am Kiel zum Werfen anfassen
6 die Oberseite kann man noch mit dekorativen Mustern bekleben oder bemalen.

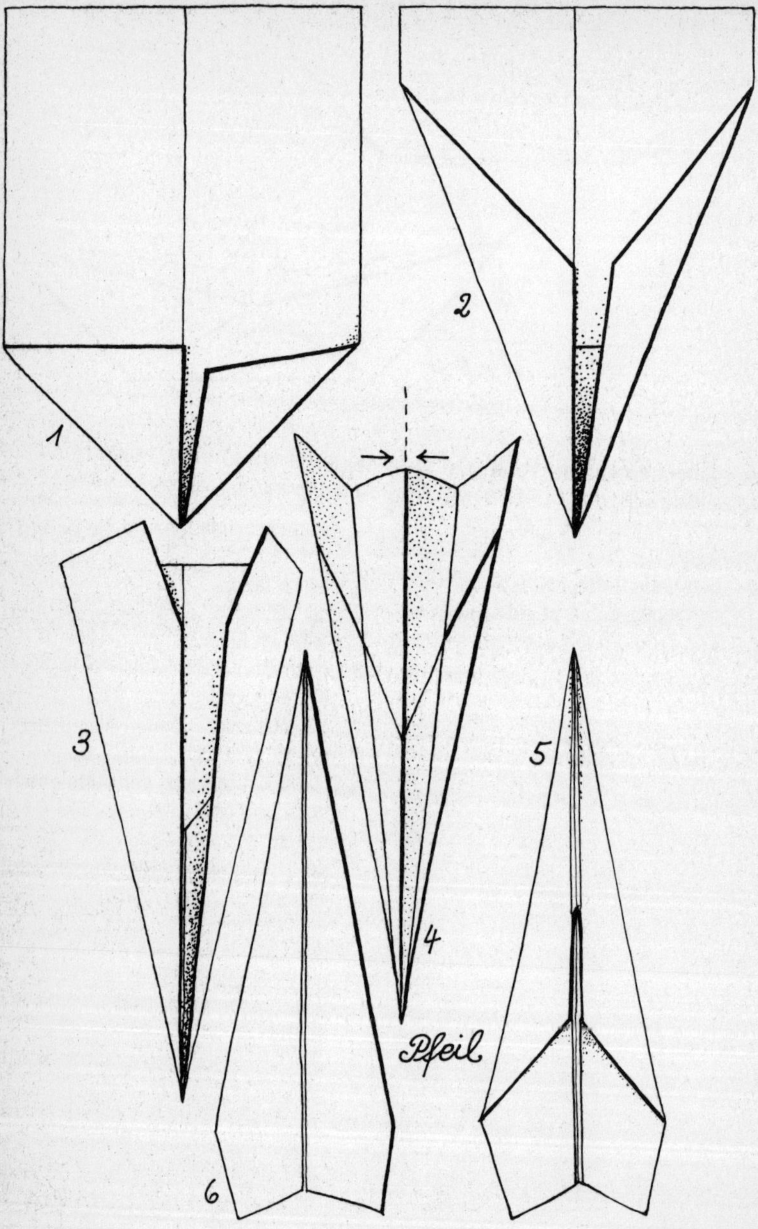
1
2
3
4
5
6
Pfeil

**Schnappschnabel**

1 Das „gerade Kreuz" falten

2 Papier waagerecht in der Mitte falten und die beiden Ecken der geschlossenen Seite so herunterfalten, daß ein Rand bleibt

3 den Rand vorn nach oben schlagen

4 die Form wenden und den Rand ebenfalls hochschlagen

5 nun die Form unten öffnen und so zusammenklappen, daß die Ecken A und B gegeneinanderschlagen.

Wenn man jetzt mit Daumen und Zeigefinger auf die stumpfen Winkel C und D drückt, klappt der Schnabel auf und zu.

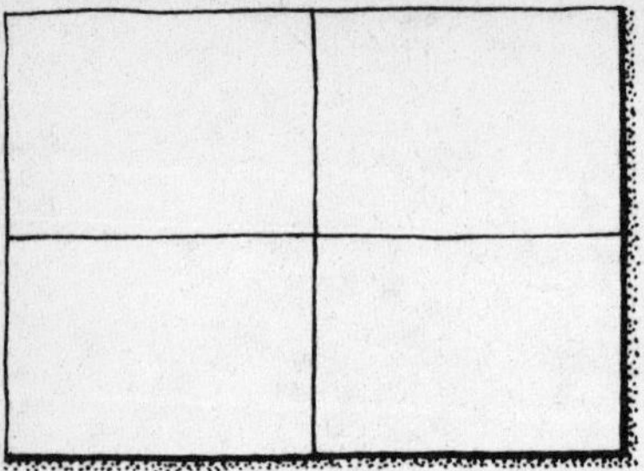

1

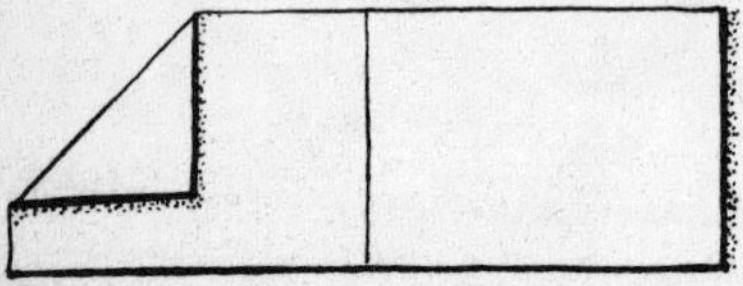

2

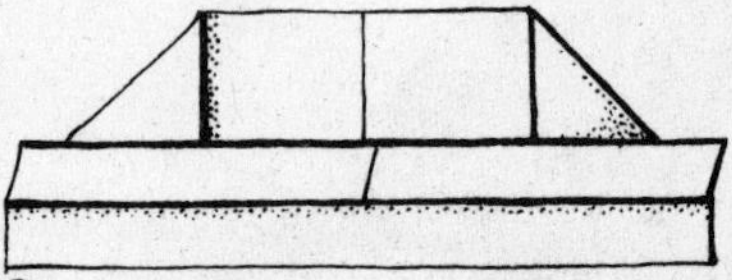

3

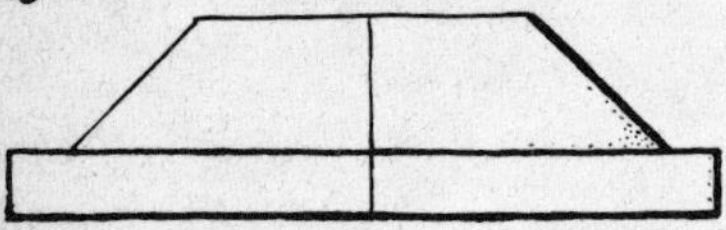

4

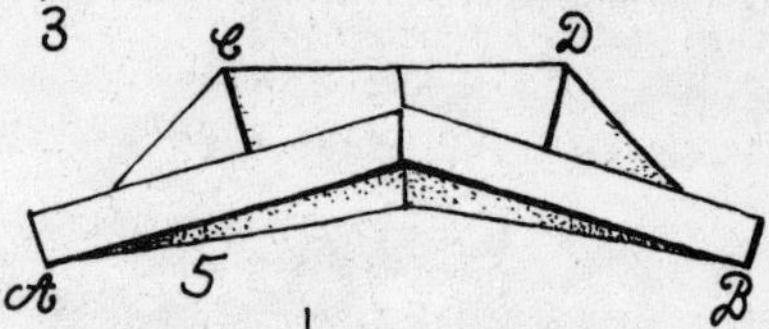


5

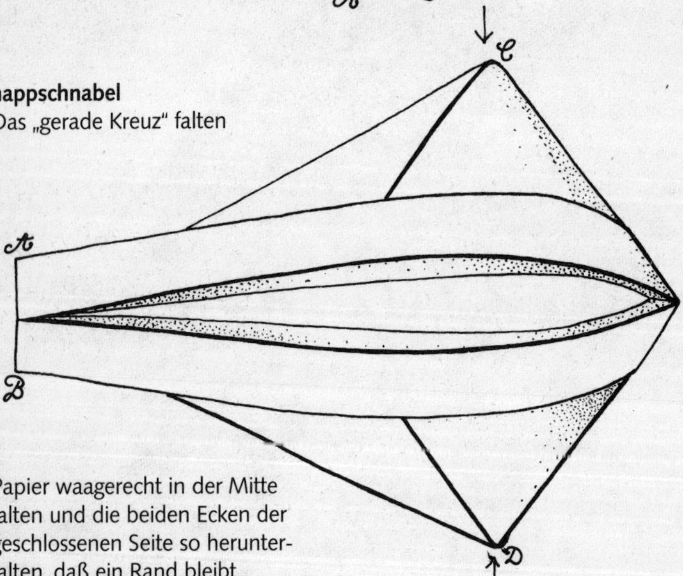


*Schnappschnabel*

# VERSCHIEDENE FALTFORMEN

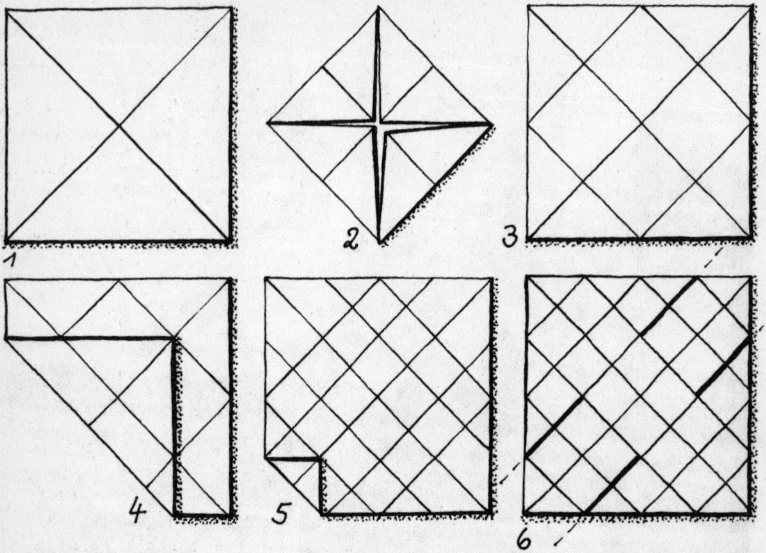


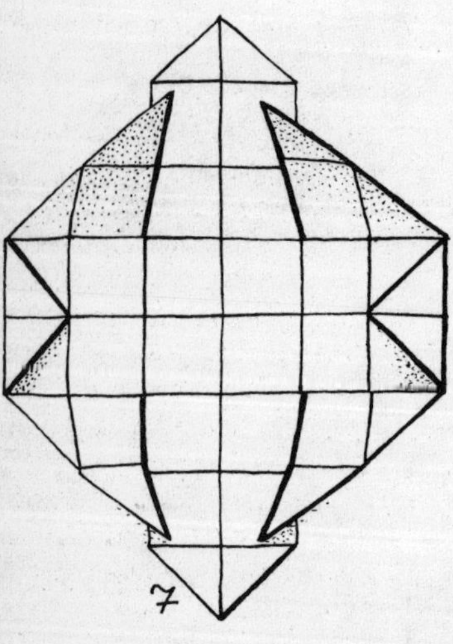


## Schachteln

Schachteln kann man in allen Größen gut gebrauchen, in vielen bunten Farben, mit Deckeln oder auch als Körbchen mit Henkel. Man kann sie lustig schmücken, bekleben oder bemalen. Sogar ganze Sätze, eine Schachtel immer kleiner als die andere, kann man basteln oder Geschenke darin verpacken

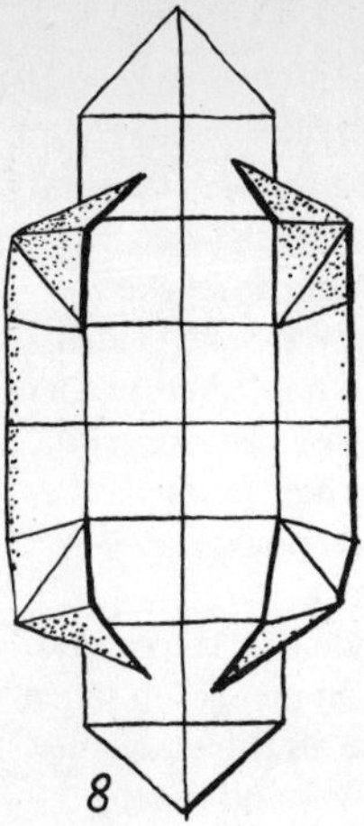

8

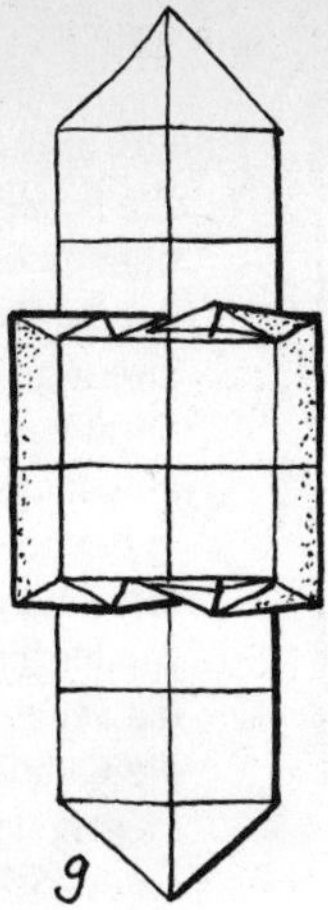

9

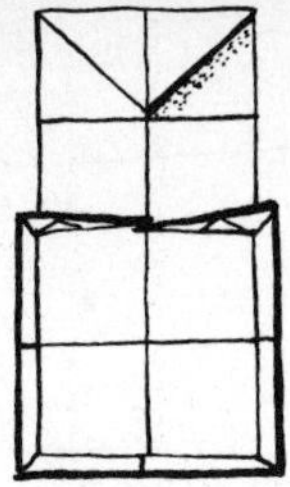

10

11

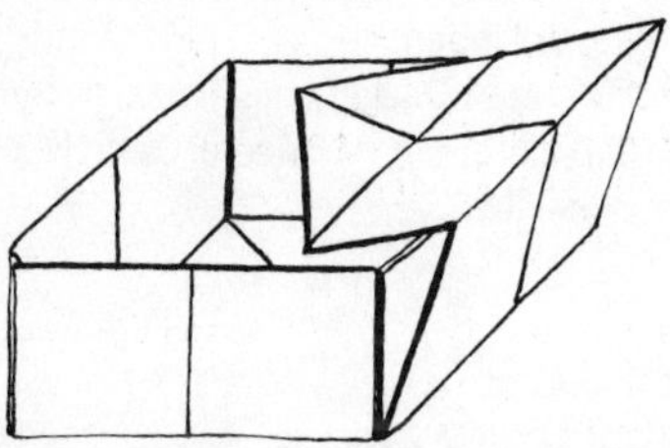

12

**Quadratische Schachtel**

1 In ein Quadrat das „schräge Kreuz" falten
2 alle vier Ecken zum Mittelpunkt falten
3 das Blatt wieder öffnen
4 alle vier Ecken bis zu den neu entstandenen Schnittpunkten falten, wobei das Blatt jeweils wieder geöffnet wird
5 jetzt jede Ecke bis zum Schnittpunkt auf der nächstliegenden Diagonale falten, wieder öffnen
6 in dem Liniennetz die stark markierten Linien einschneiden
7 das Faltpapier mit einer Ecke nach unten hinlegen und die linke und rechte Ecke einmal senkrecht umfalten
8 die beiden Seiten noch einmal nach innen umschlagen
9 die Seiten zu Rändern hochbiegen und die abstehenden Seitenteile ebenfalls zu Rändern formen
10 die beiden Spitzen oben und unten umfalten, noch einmal umfalten und über die Seitenteile schlagen
11 die Ränder fest ausstreifen und gut andrücken, damit die Schachtel festen Halt bekommt.
12 Eine andere Möglichkeit besteht darin, die Ränder nicht umzufalten, sondern über die Seitenteile zu schlagen, so daß die vier Ecken den Boden bedecken.
Für einen Deckel fertigt man die gleiche Form aus einem ca. 2 mm größeren Quadrat an.
Man kann auch noch Henkel aus Papierstreifen an die Schachteln kleben und diese Körbchen mit Mustern verzieren.

**Einfache Schachtel**

Diese Schachtel ist zwar nicht ganz so haltbar, aber leicht herzustellen.

1 Die Schachtel aus einem Quadrat oder einem Rechteck falten, wie auf der Zeichnung angegeben. Zuerst an allen vier Seiten einen Rand von ca. 6 mm falten, wieder aufschlagen, dann alle vier Seiten in der gewünschten Höhe der Seitenwand einfalten und das Blatt wieder öffnen

2 die Seitenwände hochstellen und die Quadrate an den Ecken so einbiegen, daß sie als Dreiecke innen an der Schachtelwand liegen

3 den Rand von 6 mm jetzt nach innen schlagen und eventuell ankleben.

Für einen Deckel eine etwas größere Schachtel mit niedrigerer Seitenwand herstellen.

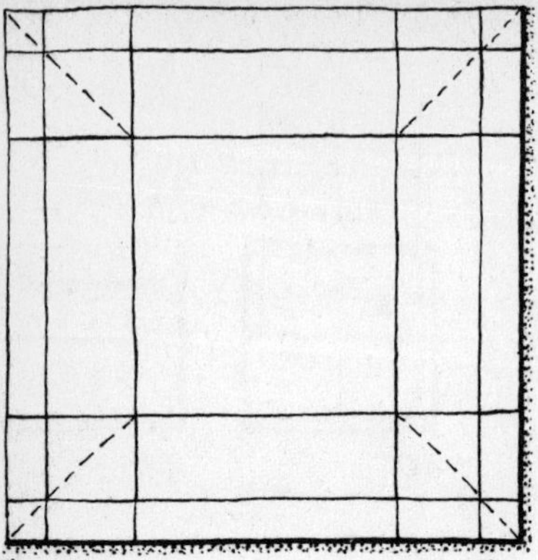

1

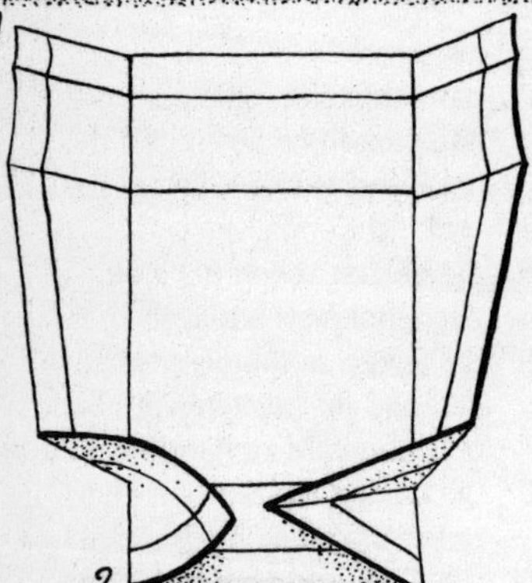

2

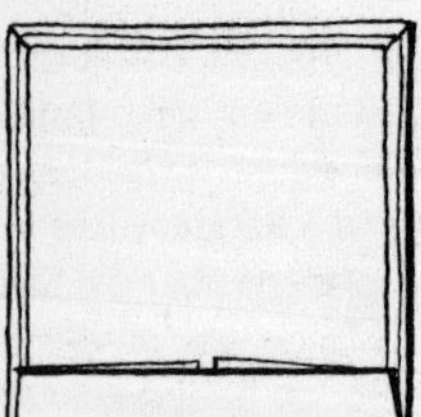

3

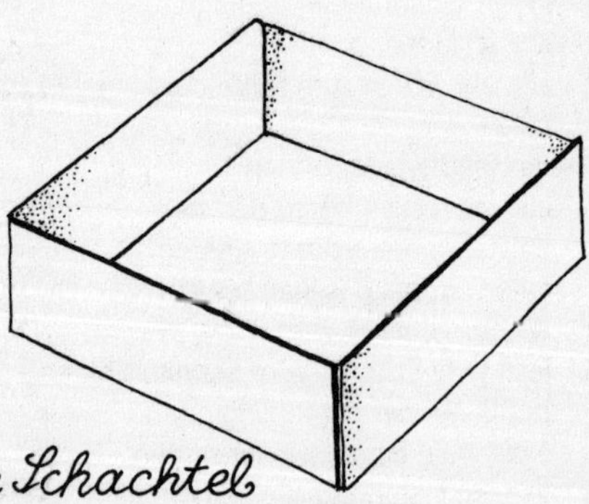

Einfache Schachtel

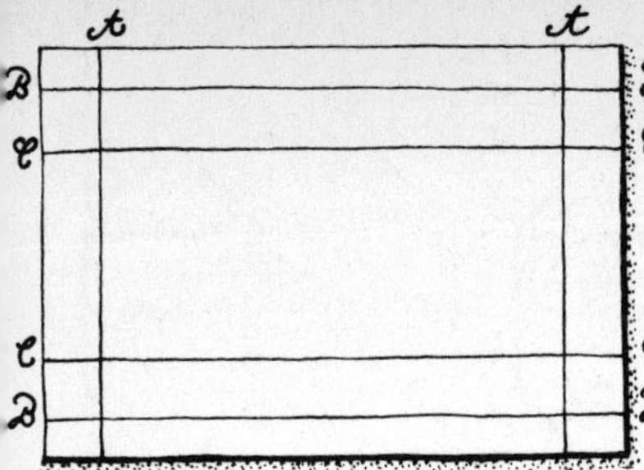


1

2 die Schmalseiten in den Linien A– A in der Schachtelhöhe umfalten

3 das Blatt öffnen und die Längsseiten in den Linien B–B als Zugaberand umfalten und noch einmal in den Linien C–C Schachtelhöhe umfalten

4 den Zugaberand zur anderen Seite umbiegen, die Ecken an den Längsbruch falten und den Rand darüberklappen

5 nun von der Mitte her an den Ecken unter die Längsseiten fassen und die Schmalseiten aufrichten.

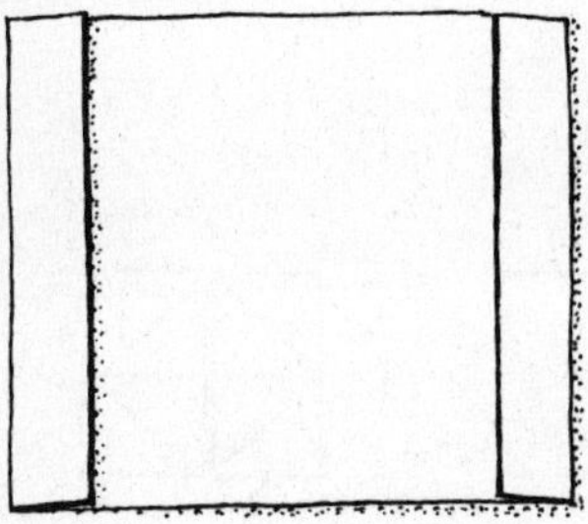

2

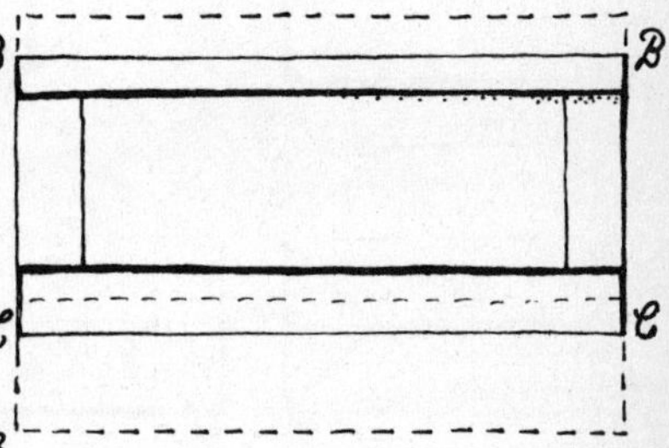


3

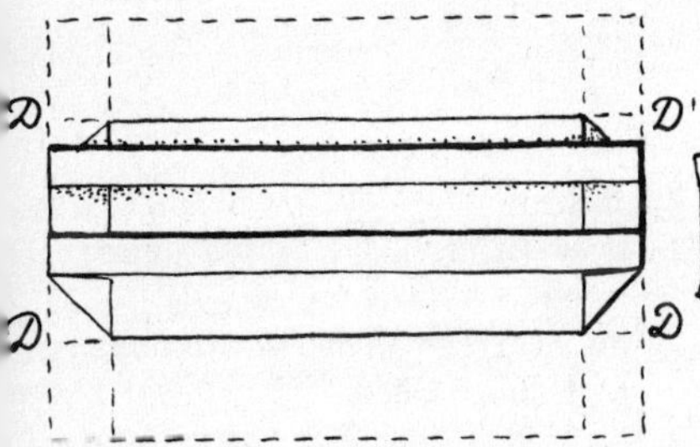


4

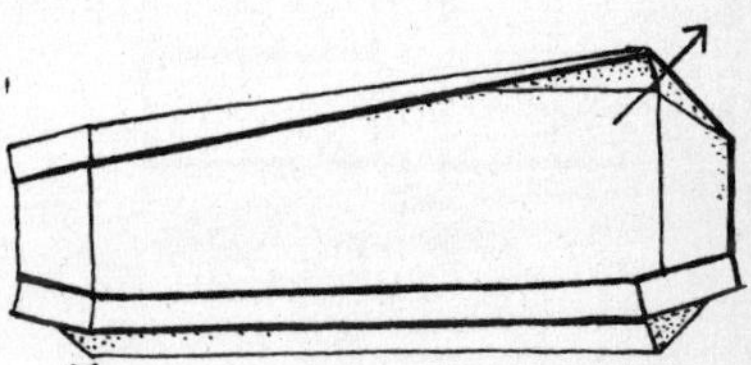

5

**Rechteckige Schachtel**

1 Faltnetz

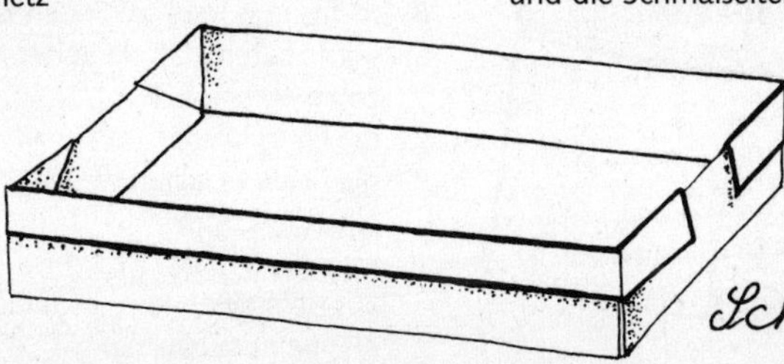

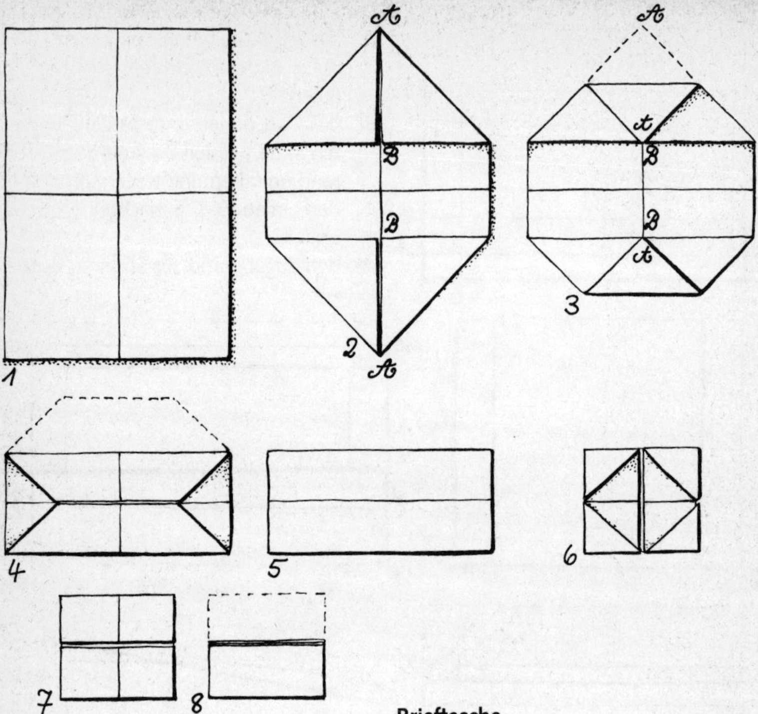


Brieftasche

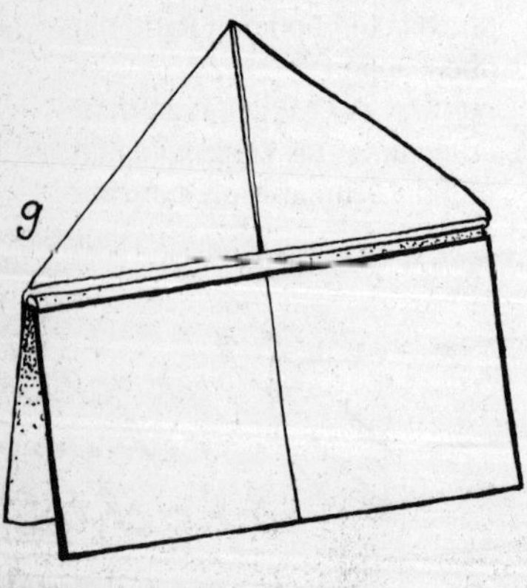


**Brieftasche**

1 In ein Rechteck das „gerade Kreuz" falten
2 die vier Ecken an den senkrechten Mittelbruch falten
3 die beiden Zipfel A zu den Punkten B falten
4 nun die Form längs im waagerechten Mittelbruch zusammenlegen
5 die Form wenden
6 rechts und links die Seiten so nach vorne falten, daß sie in der Mitte zusammenstoßen
7 die Form wieder wenden
8 die beiden Hälften waagerecht aufeinanderklappen
9 es entstehen zwei Taschenfächer; aus dem einen nun die dreieckige Klappe herausziehen.

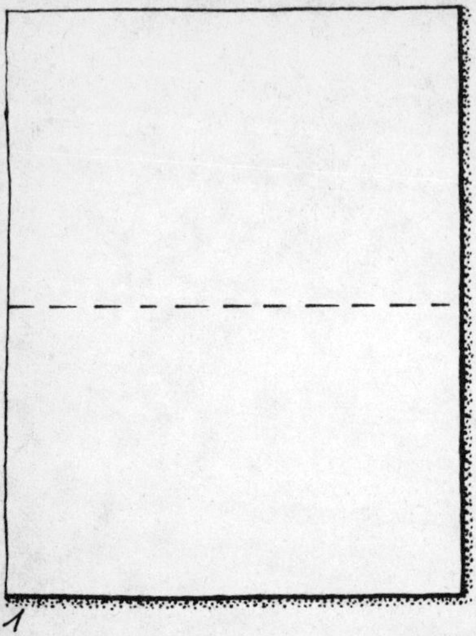

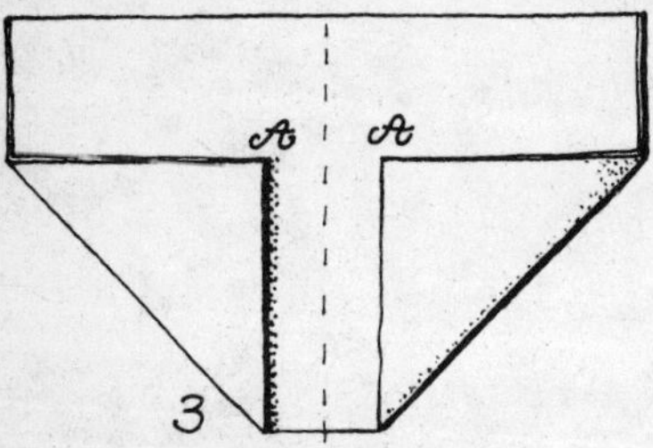


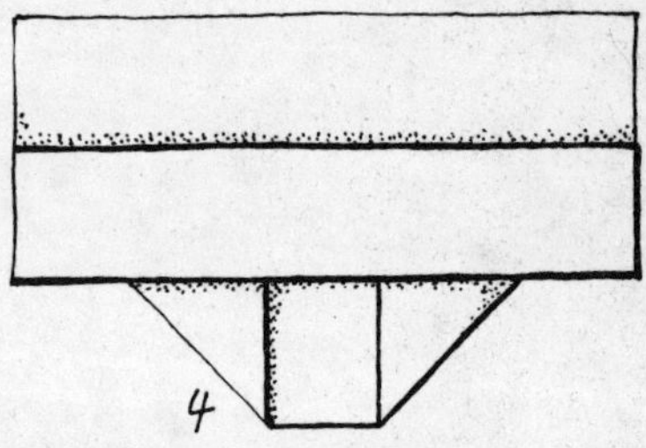


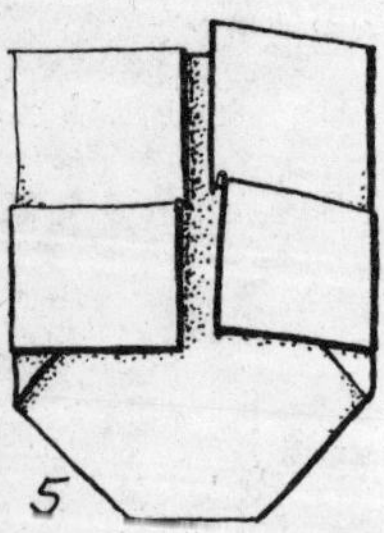


*Trinkbecher*

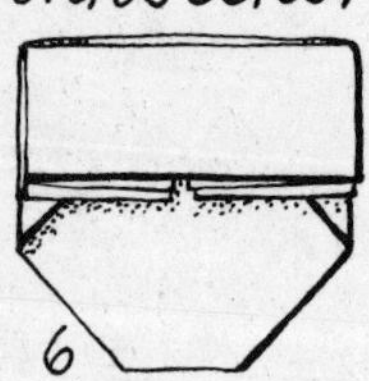


**Trinkbecher**

Man faltet ihn am besten aus Butterbrotpapier. Er läßt sich füllen, ohne zu zerreißen.

1 Man braucht ein Rechteck, ca. 16 x 20 cm groß

2 das Papier einmal waagerecht in der Mitte zusammenfalten

3 die am Bruch liegenden Ecken A so zur Mitte falten, daß ein Abstand von ca. 1 cm bleibt

4 den vorderen oberen Rand nun herunterfalten

5 die Form wenden und den rechten und linken Flügel nach vorn zur Mitte falten

6 den jetzt noch überstehenden Rand nach vorn herunterfalten.

# Hüte

Zu jedem Fasching und vielen anderen Kinderfesten gehören lustige Hüte. Ohne viel Mühe entstehen aus Zeitungs- oder Packpapier Hüte, die man noch fantasievoll schmücken oder bemalen kann. Ein einfacher Hut, der gegen die Sonne schützt, ist schon auf Seite 53 beschrieben. Dazu gibt es einige Vorschläge für verschiedene Hüte, die man noch nach eigenem Geschmack abwandeln kann.

**Bischofshut**

1 Aus einem Rechteck einen Helm falten, nur dabei die beiden oberen Ecken zur Vorderseite falten, dann den Rand hochfalten
2 die Form wenden und den rechten Flügel zur Mitte nach vorn falten
3 den linken Flügel auch zur Mitte falten
4 den Rand nun nach vorn hochfalten, und der Hut ist fertig – hier die Rückseite
5 Vorderseite.

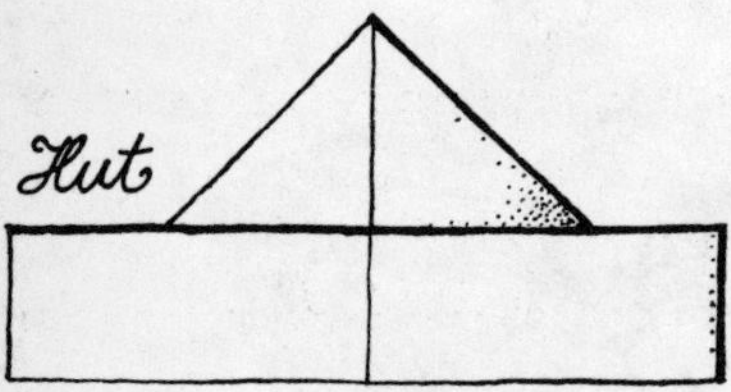


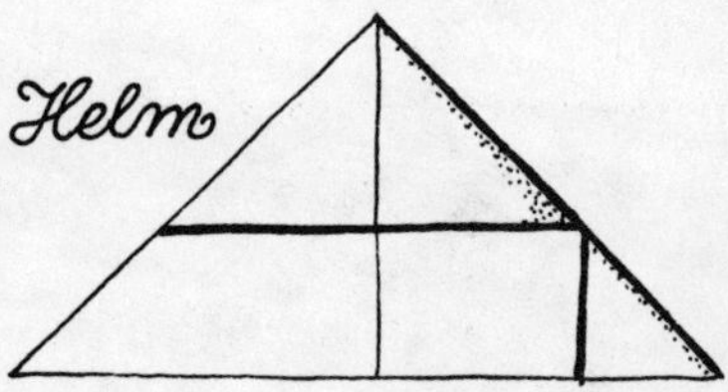


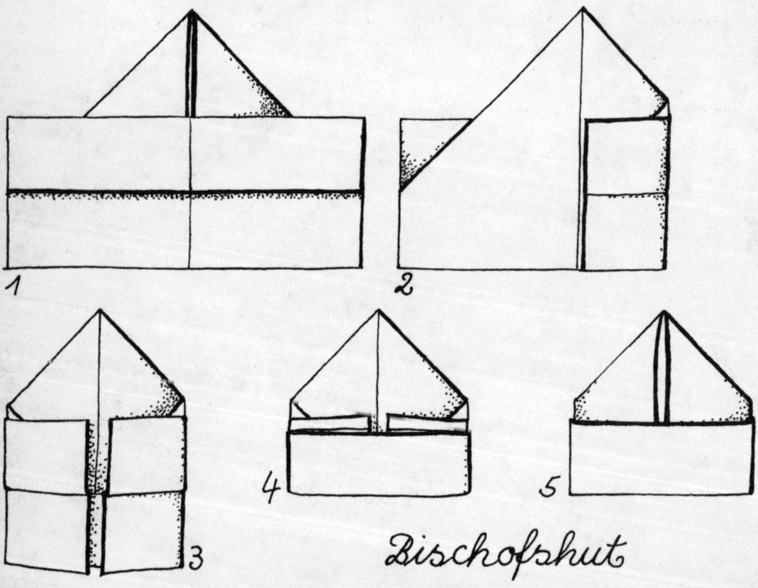

**Holländerhäubchen**

1 Man braucht ein Rechteck von ca. 42 x 55 cm Größe

2 das Papier einmal waagerecht in der Mitte zusammenfalten

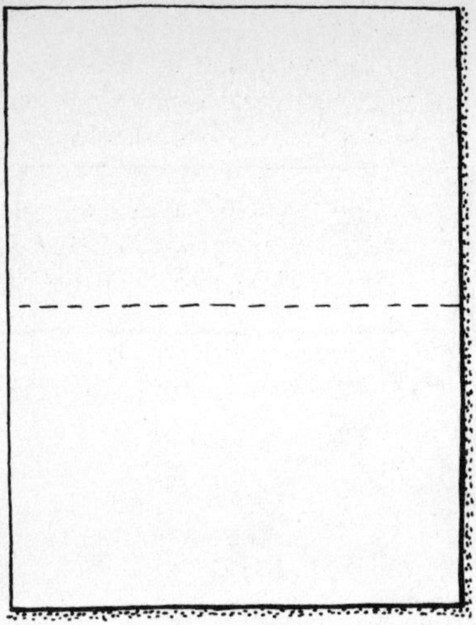

1

2

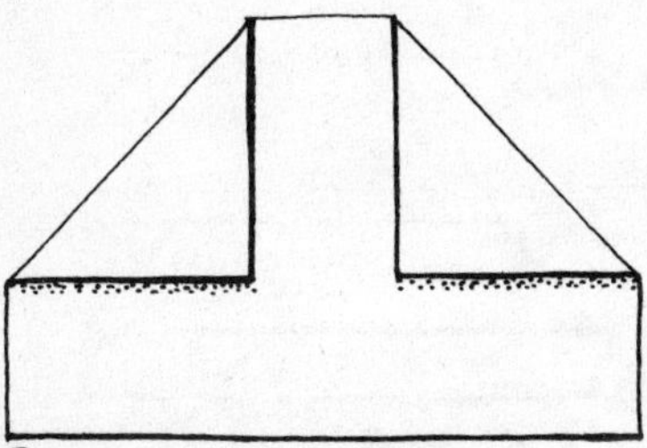

3

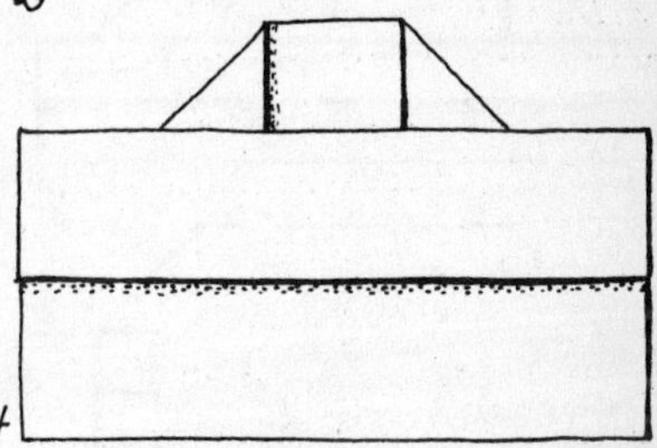

4

5 Holländer-häubchen

3 die Ecken rechts und links oben am Bruch so zur Mitte falten, daß ein Abstand von ca. 6 bis 8 cm bleibt

4 den Rand vorne nach oben falten

5 die Form wenden und den hinteren Rand ebenfalls nach oben falten.

Die Ränder klammert man an der Seite zusammen, und das fertige Häubchen wird noch mit Bändern und Verzierungen geschmückt.

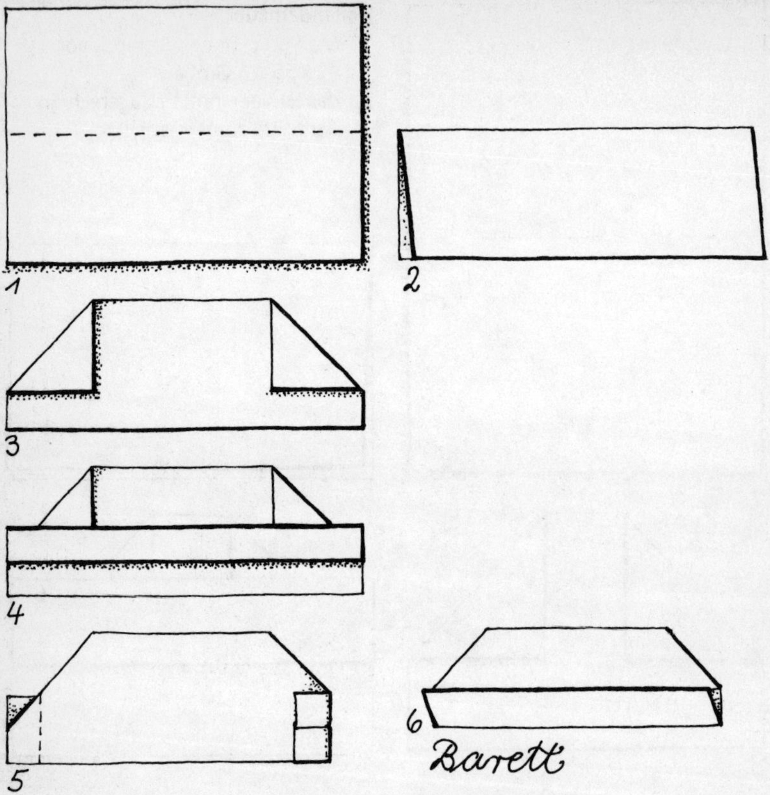


**Barett**

1 Man benötigt dazu ein Rechteck, ca. 40 x 30 cm groß

2 das Papier waagerecht in der Mitte falten

3 am Mittelbruch oben die Ecken so herunterfalten, daß unten ein schmaler Rand bleibt

4 auf der Vorderseite den Rand nach oben falten

5 die Form wenden und rechts und links die beiden Flügel nach vorn falten

6 zum Schluß auch den hinteren Rand nach oben falten.
Das fertige Barett kann nun noch mit einem Papierbüschel geschmückt werden.

**Mandarinenkappe**

1 Man braucht dazu ein Rechteck, ca. 50 x 35 cm groß

2 das Papier waagerecht einmal in der Mitte zusammenfalten

3 die beiden Ecken oben am Mittelbruch schräg herunterfalten
4 den Rand vorn nach oben falten
5 die Form wenden und die beiden Flügel rechts und links zur Vorderseite umfalten
5 nun den Rand vorn nach oben falten, und die Kappe ist fertig.

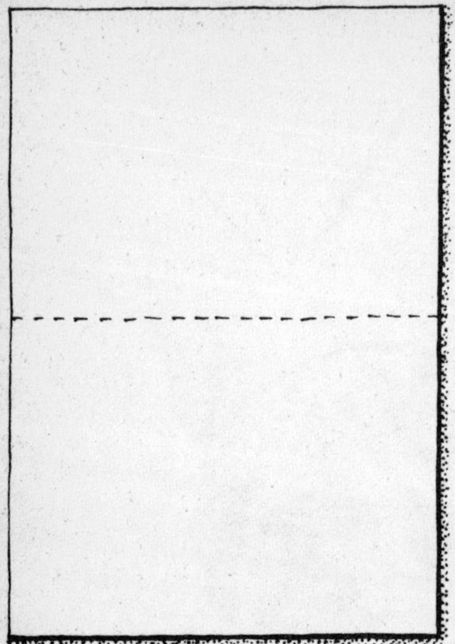

1

2

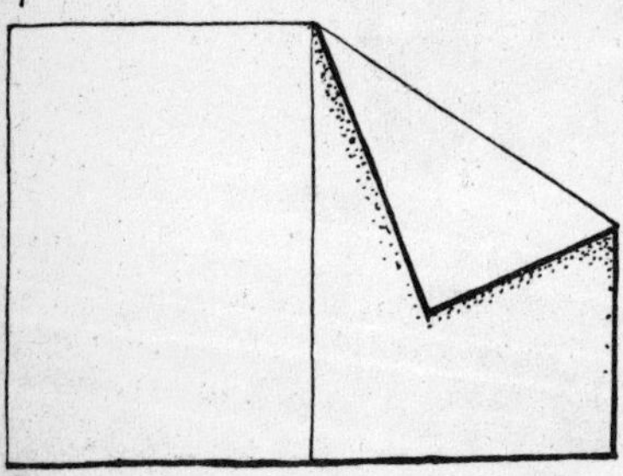

3

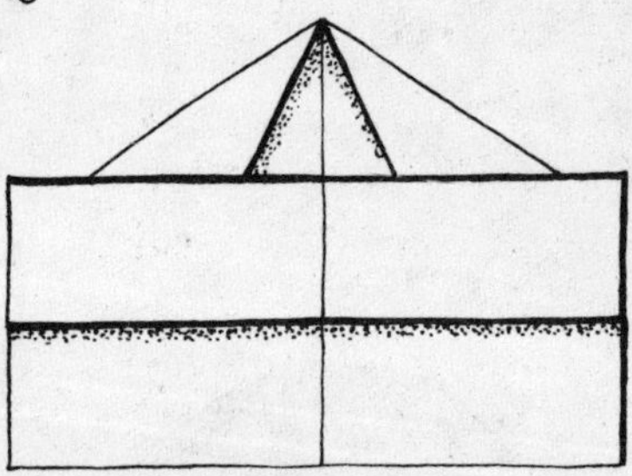

4

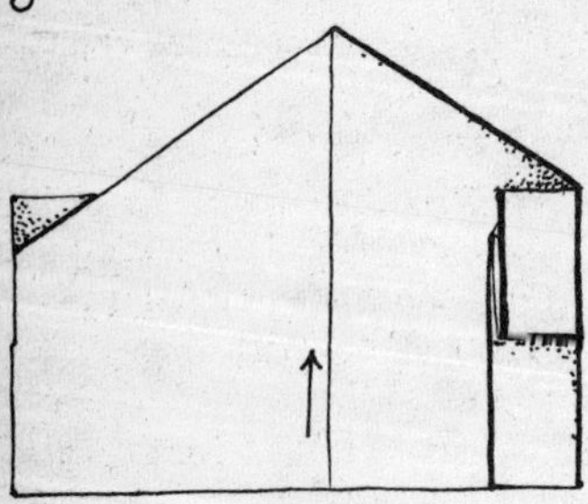

5

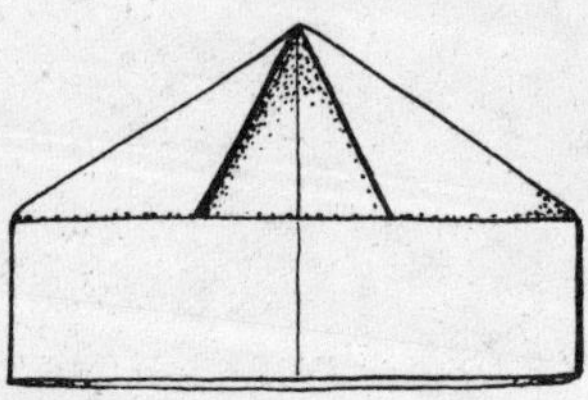

6

Mandarinen-kappe

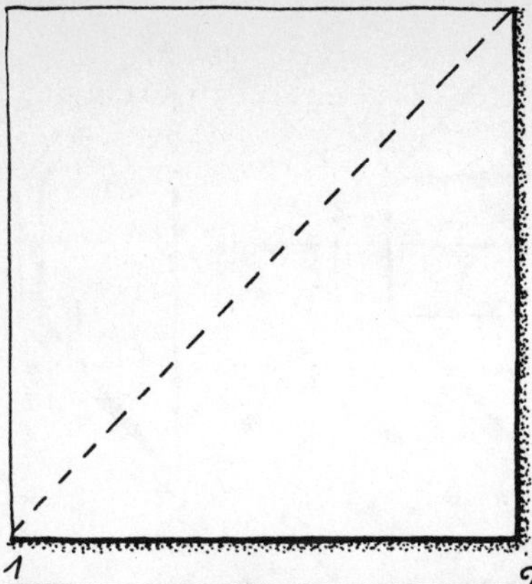


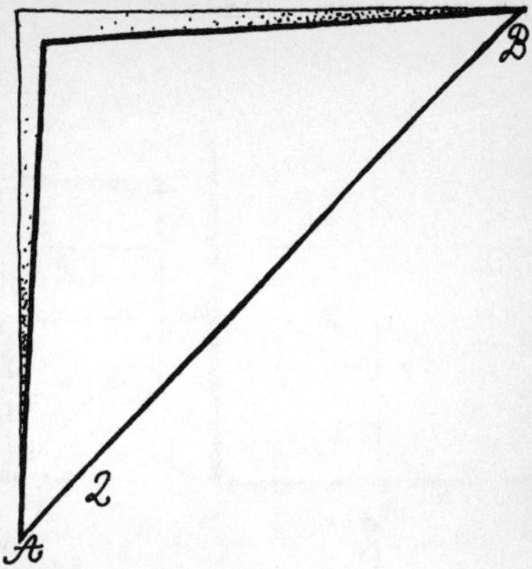


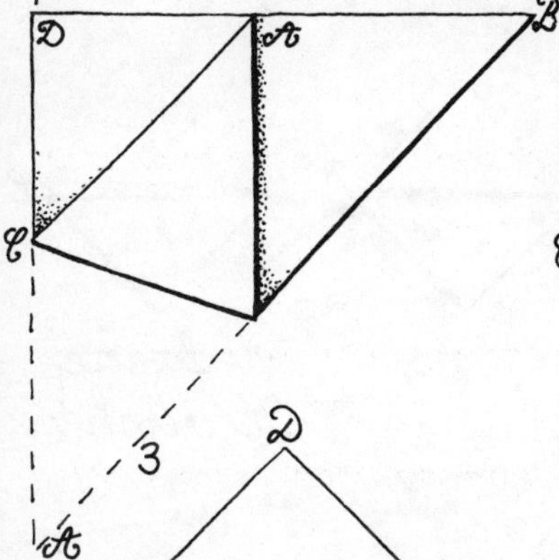


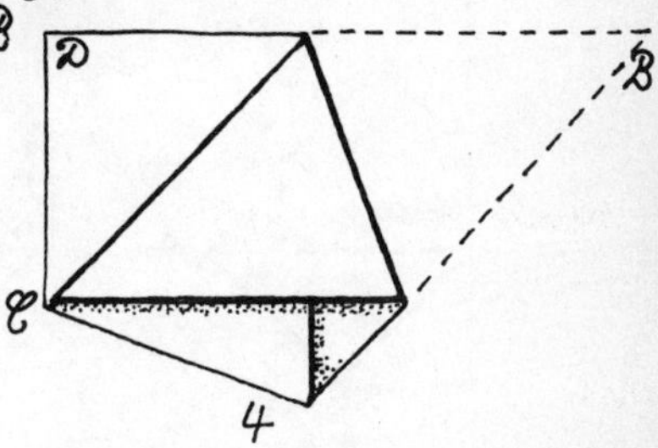


## Türkenfez

1 Ausgangsform ist ein Quadrat, ca. 50 x 50 cm groß
2 das Papier diagonal falten
3 die Ecke A so gegen die Oberkante falten, daß ein Dreieck entsteht, dessen eine Seite parallel zur linken Außenseite läuft
4 nun die Spitze der Ecke B zu Punkt C falten
5 die Form drehen und die vordere Ecke D nach vorn herunterfalten
6 die hintere Ecke D nach hinten herunterfalten
7 die Form auf den Kopf stellen, und fertig ist der Türkenfez.
Als typischen Schmuck bekommt er oben drauf eine Quaste aus Papier oder Garn.

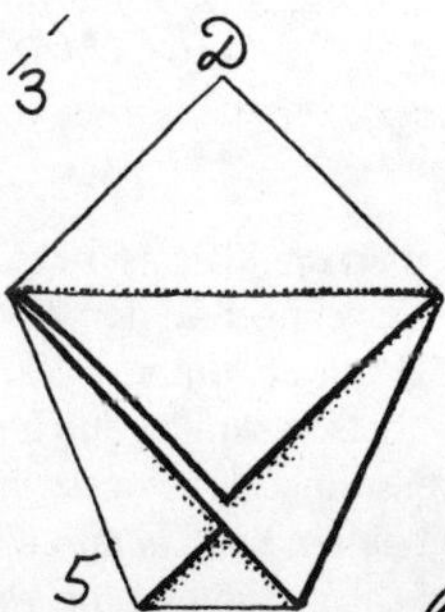


Türkenfez

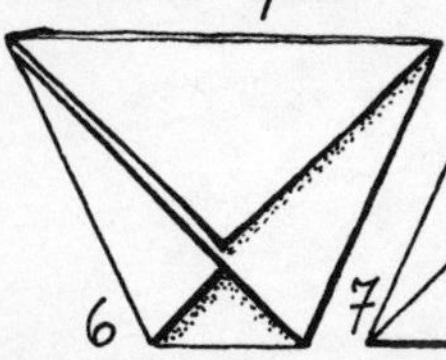

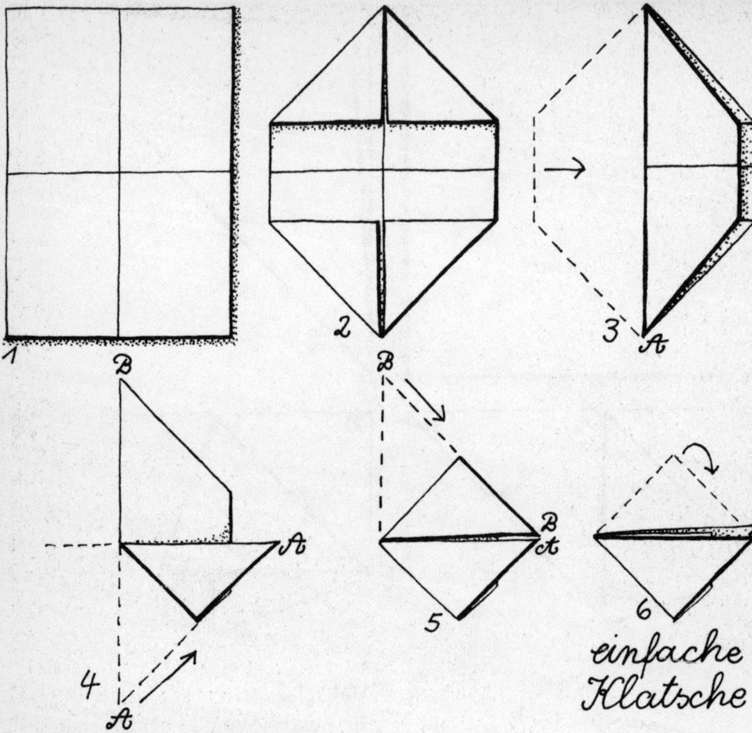


**Einfache Klatsche**

Die Klatsche ist ein lustiges Spielzeug, mit dem man Krach machen kann.

1 In ein Rechteck ein gerades Kreuz falten
2 alle vier Ecken zum senkrechten Mittelbruch falten
3 die Form senkrecht zur Hälfte zusammenklappen
4 die Ecke A fassen und ein Dreieck zum Mittelbruch hin falten
5 das obere Dreieck mit der Ecke B genauso falten
6 die obere Hälfte im Mittelbruch nach hinten wegklappen.

Nun faßt man die Klatsche mit Daumen und Zeigefinger an den Zipfeln C und schlägt mit der unteren Ecke voran die Klatsche kräftig durch die Luft. Dabei springt das eingeschlagene Papier mit einem Knall heraus. Für den nächsten Schlag muß es dann wieder eingedrückt werden.

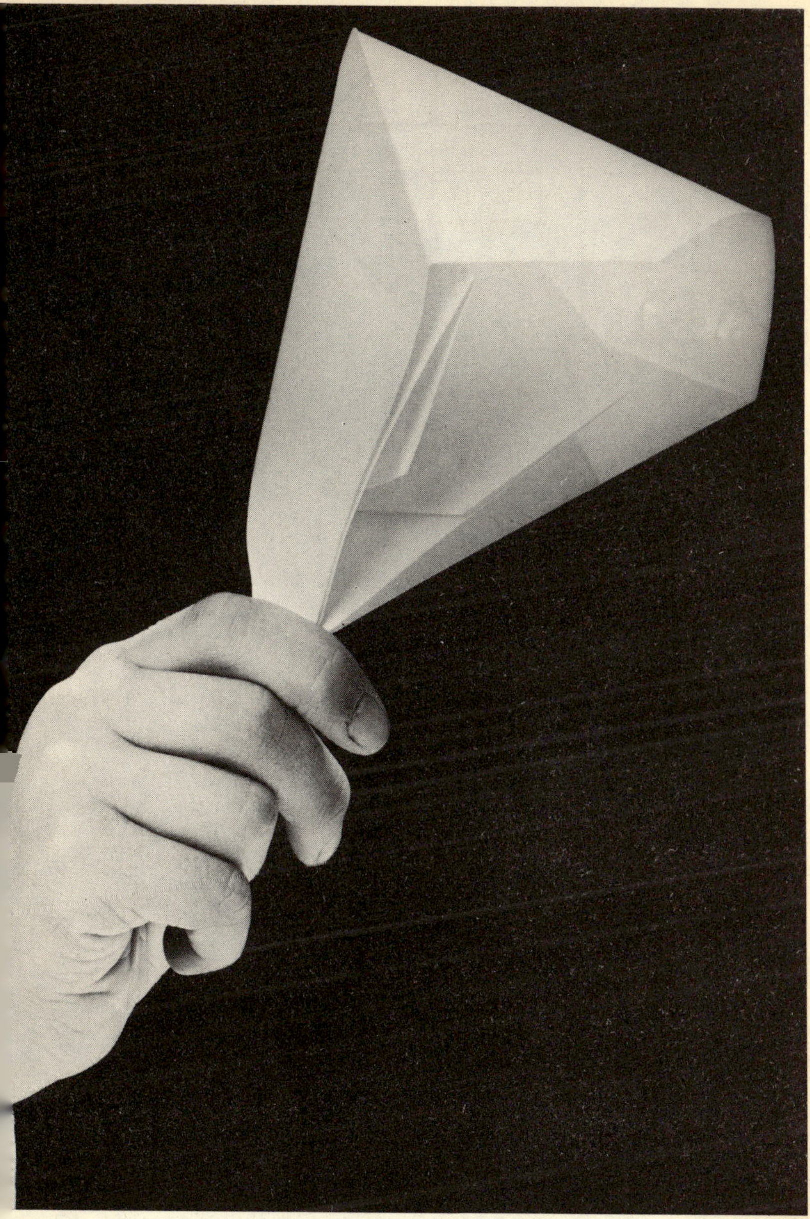

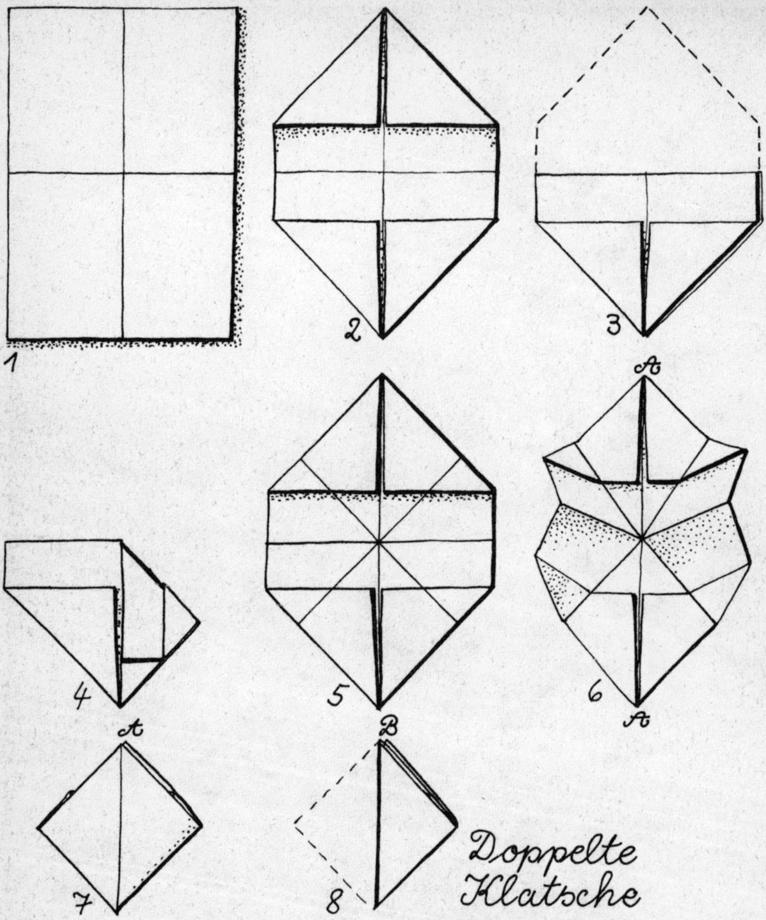


**Doppelte Klatsche**

1 In ein Rechteck das gerade Kreuz falten
2 alle vier Ecken zum senkrechten Mittelbruch falten
3 die Form waagerecht im Mittelbruch zur Hälfte klappen
4 die beiden oberen Ecken an den Mittelbruch herunterfalten
5 die Form wieder öffnen
6 die Form – wie abgebildet – in den Brüchen so zusammenlegen, daß die Spitzen A aufeinanderliegen
7 so entsteht eine doppelte Tüte
8 die Form im senkrechten Mittelbruch zu einem Dreieck falten.

Beim Losschlagen an den Ecken B fassen.

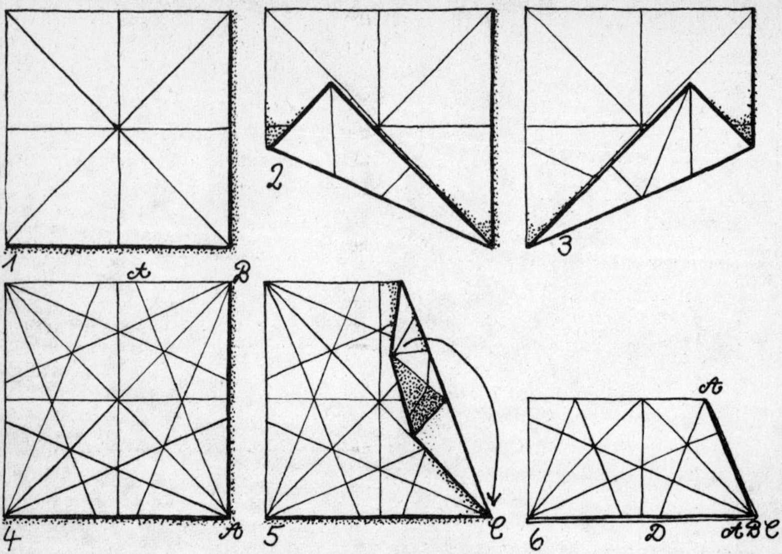


# SCHWIERIGE FALTFORMEN

Beherrscht man die einfachen Faltformen, kann man sich an die etwas schwierigeren heranwagen. Sie erfordern einige Geschicklichkeit und Geduld. Aber das Ergebnis ist auch viel erstaunlicher. Aus dem flachen Quadrat entsteht ein Vogel oder ein Storch, die beide fliegen können, ein Rabe oder ein Frosch, den man sogar aufblasen und hüpfen lassen kann. Auch eine bunte Schmetterlingssammlung kann man sich anlegen und ganze Tiergruppen zusammenstellen.

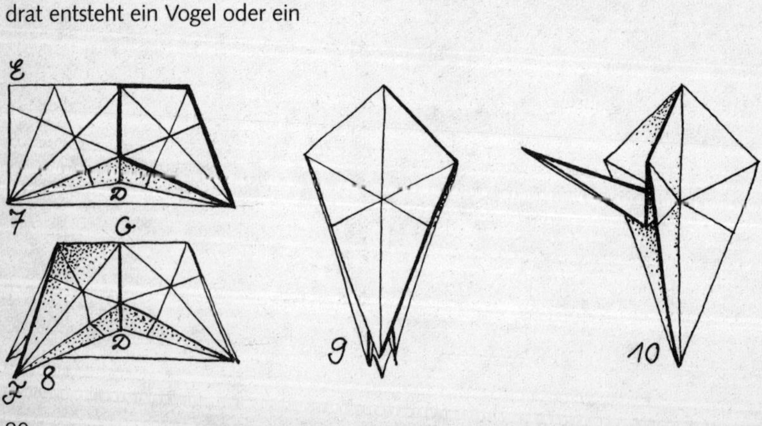

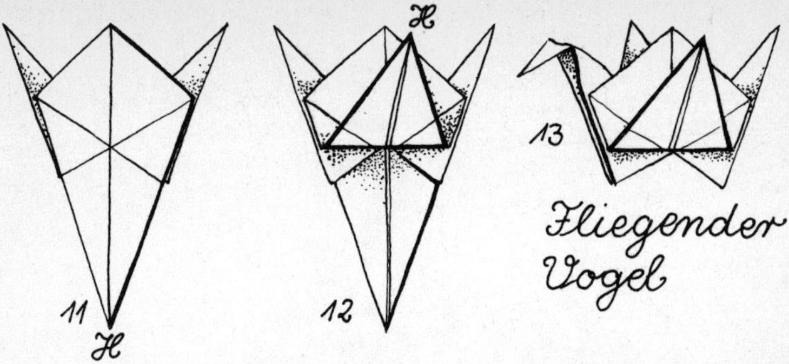


**Fliegender Vogel**

1 In ein Quadrat das „gerade“ und das „schräge Kreuz“ falten
2 die linke Ecke an den Diagonalbruch falten, wieder öffnen
3 nun die rechte Ecke an den Diagonalbruch falten, wieder öffnen
4 so alle Ecken falten, dann ergibt sich das abgebildete Liniennetz
5 die Ecke B im Bruch A–A nach innen legen und dann die Spitze B auf die Ecke C legen
6 dadurch wird das Papier so zusammengelegt, daß sich die abgebildete Form ergibt
7 die untere Kante an Punkt D gleichzeitig etwas nach oben und innen schieben, so bildet sich rechts eine Drachenform. Dann die Ecke E genauso nach innen schieben
8 die linke Drachenform in der Linie F–G knicken, zusammenlegen und unter die rechte Drachenform schieben
9 die Rückseite genauso falten, so sieht dann die zusammmengeschobene Drachenform (vergrößert) aus
10 einen innenliegenden Zipfel an der Spitze fassen und nach oben herausziehen
11 beide Zipfel herausgezogen, ergeben Kopf und Schwanz
12 die Spitze H fassen und das Dreieck als Flügel an die Mitte nach oben falten
13 den Flügel auf der anderen Seite ebenso hochfalten und zuletzt den linken Zipfel als Kopf formen.

**Schmetterling**

1 In ein Quadrat zuerst das „schräge Kreuz“ falten, dann das Blatt wenden und das „gerade Kreuz“ falten
2 das Blatt zu einem Dreieck so zusammenlegen, daß sich die geraden Kniffe innen berühren
3 die Ecken A und B am Mittelbruch zur Spitze C hochfalten
4 die Ecken D und E von unten her gegen den Mittelbruch falten, wieder öffnen und dann die Ecken D

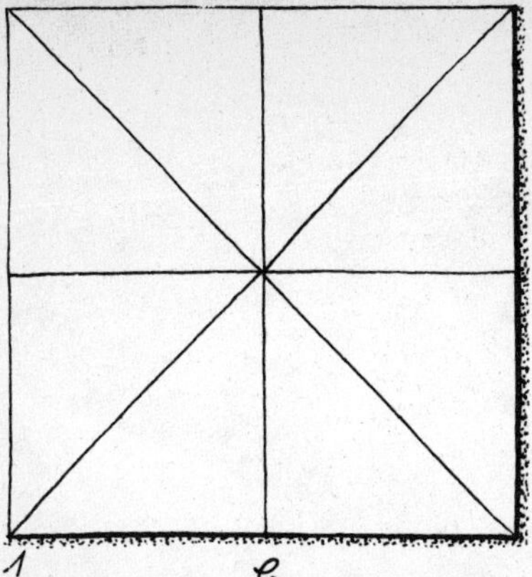


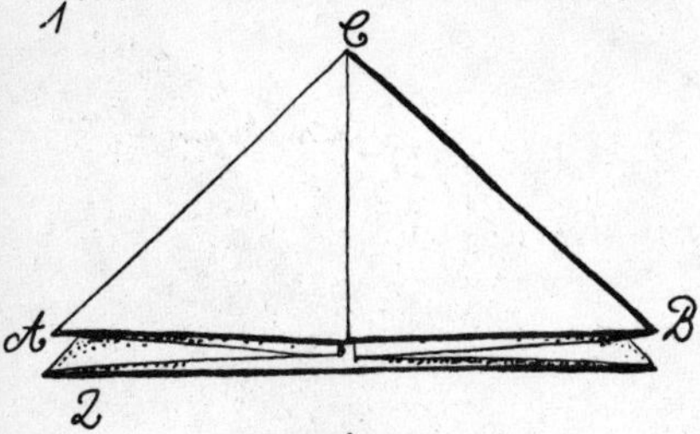


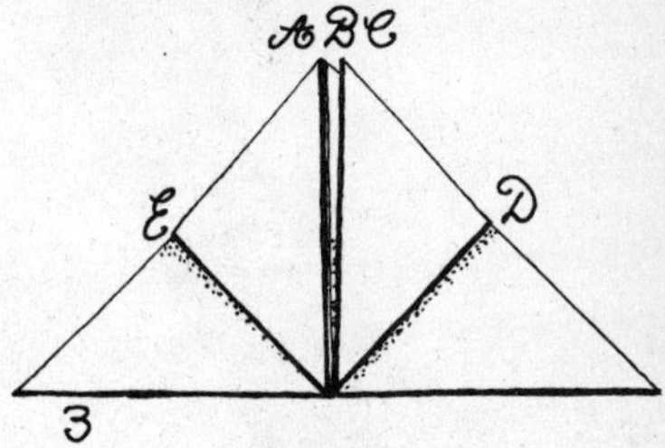


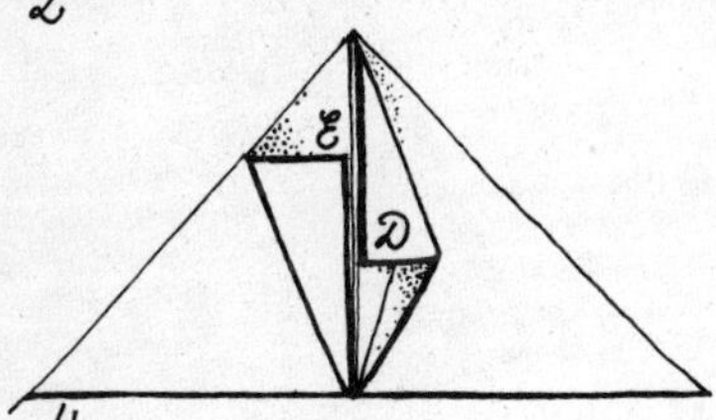


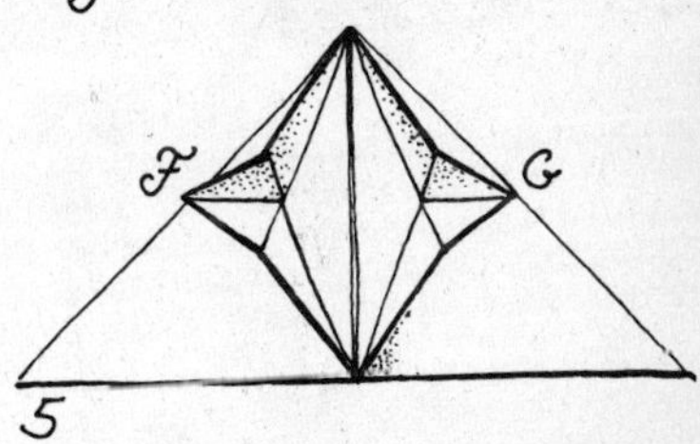


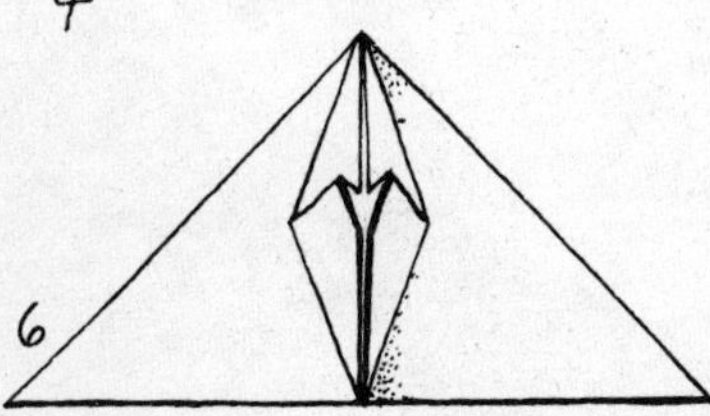


*Schmetterling*

und E von oben her gegen den Mittelbruch falten, wieder öffnen
5 mit Daumen und Zeigefinger die Spitzen F und G fassen, zusammendrücken, dabei gleichzeitig zur Mitte pressen und als senkrecht hochstehende Zipfel aufstellen
6 jetzt ist die Unterseite des Schmetterlings zu sehen. Er wird nun auf die Füßchen gestellt, und die Flügel werden nach oben geschlagen und bunt beklebt.

## Schwalbe

1 Man nimmt dazu ein Rechteck, das zu einem Quadrat und einem Streifen für den Schwanz zerschnitten wird. Das Quadrat ergibt sich, indem man eine Ecke diagonal gegen eine Außenkante faltet und den überstehenden Streifen abschneidet
2 einen Schmetterling, Seite 83, falten
3 die obere Ecke in Höhe der beiden kleinen Zipfelchen nach hinten umbiegen
4 die Form wenden
5 die Form im Mittelbruch senkrecht zusammenlegen
6 aus dem Inneren der linken schmalen Dreiecke zwei Füßchen herausziehen.

Nun die Form zur Schwalbe mit etwas hochstehenden Flügeln öffnen. Den abgeschnittenen Streifen einmal der Länge nach falten, an einer Seite ein Dreieck herausschneiden und als Schwanz in die Form – zwischen Körper und Flügel – schieben. Nun kann die Schwalbe fliegen.

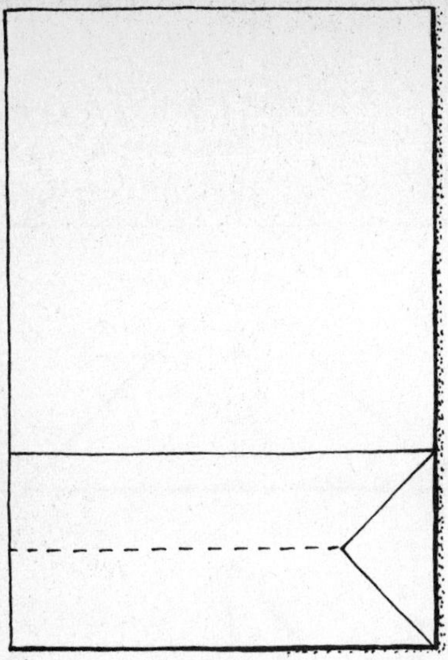
1

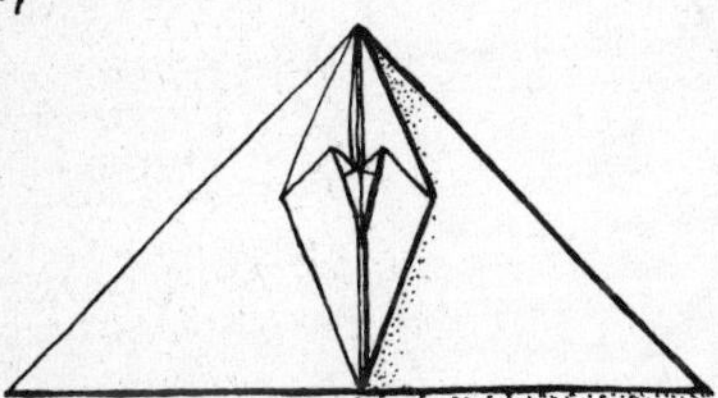
2

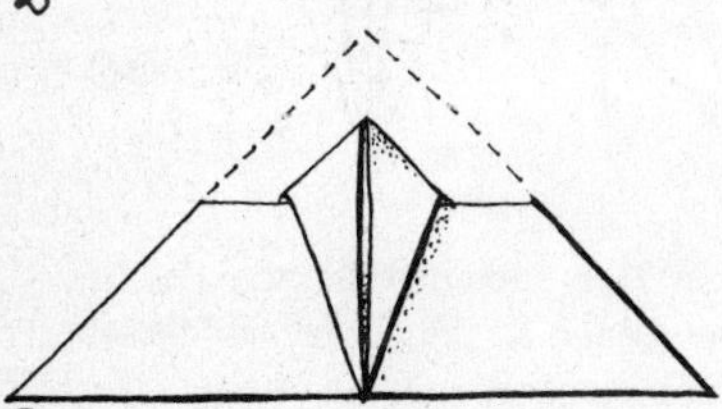
3

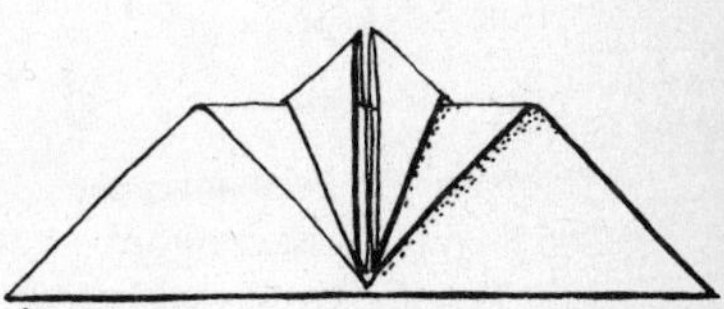
4

5
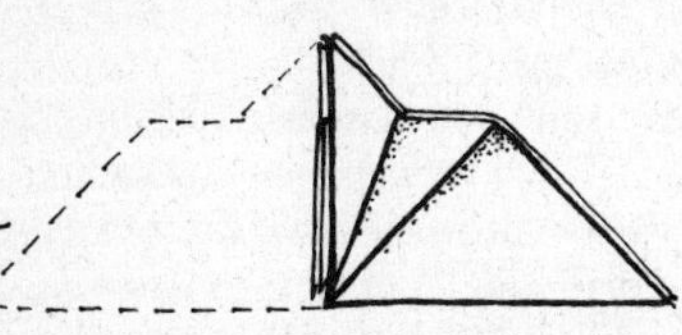

6
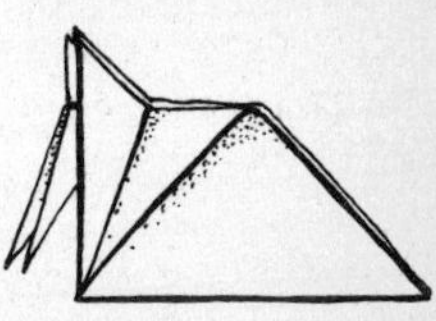

*Schwalbe*

**Blasebalg**

1 Einen Schmetterling, Seite 83, falten
2 die Form wenden
3 die beiden Ecken A und B an den Mittelbruch zur Ecke C hochfalten
4 die Ecken D und E von unten her an den Mittelbruch falten
5 wieder öffnen
6 die Ecken D und E von oben her an den Mittelbruch falten, wieder öffnen

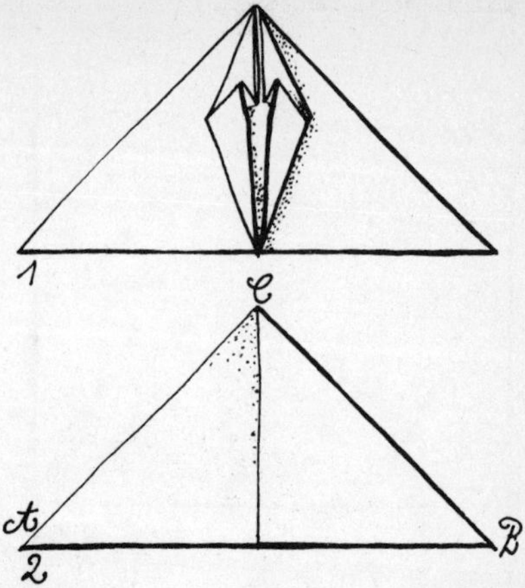


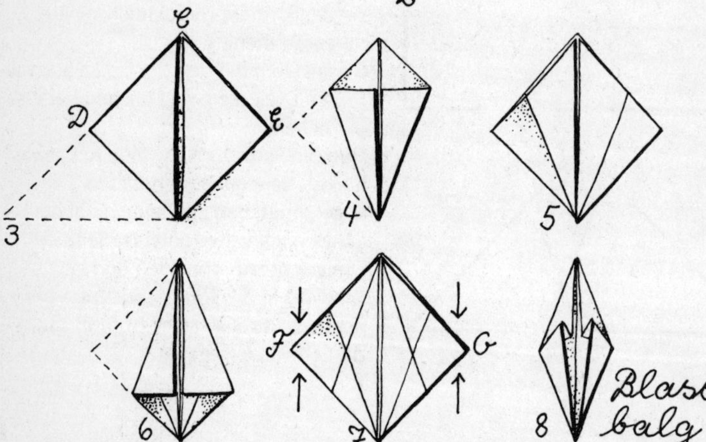


7 mit Daumen und Zeigefinger die Spitzen F und G fassen, zusammendrücken und dabei gleichzeitig zur Mitte pressen.

Zum Gebrauch den Blasebalg an beiden Seiten an den Zipfelchen fassen, ihn zusammendrücken und wieder auseinanderziehen, wobei er sich immer mit Luft füllt.
Man kann den Blasebalg auch in einen Teufelskopf verwandeln! Dazu faßt man ihn an zwei Zipfelchen, hält ihn an den Mund und bläst so lange hinein, bis die beiden anderen Zipfel als Ohren hochstehen.

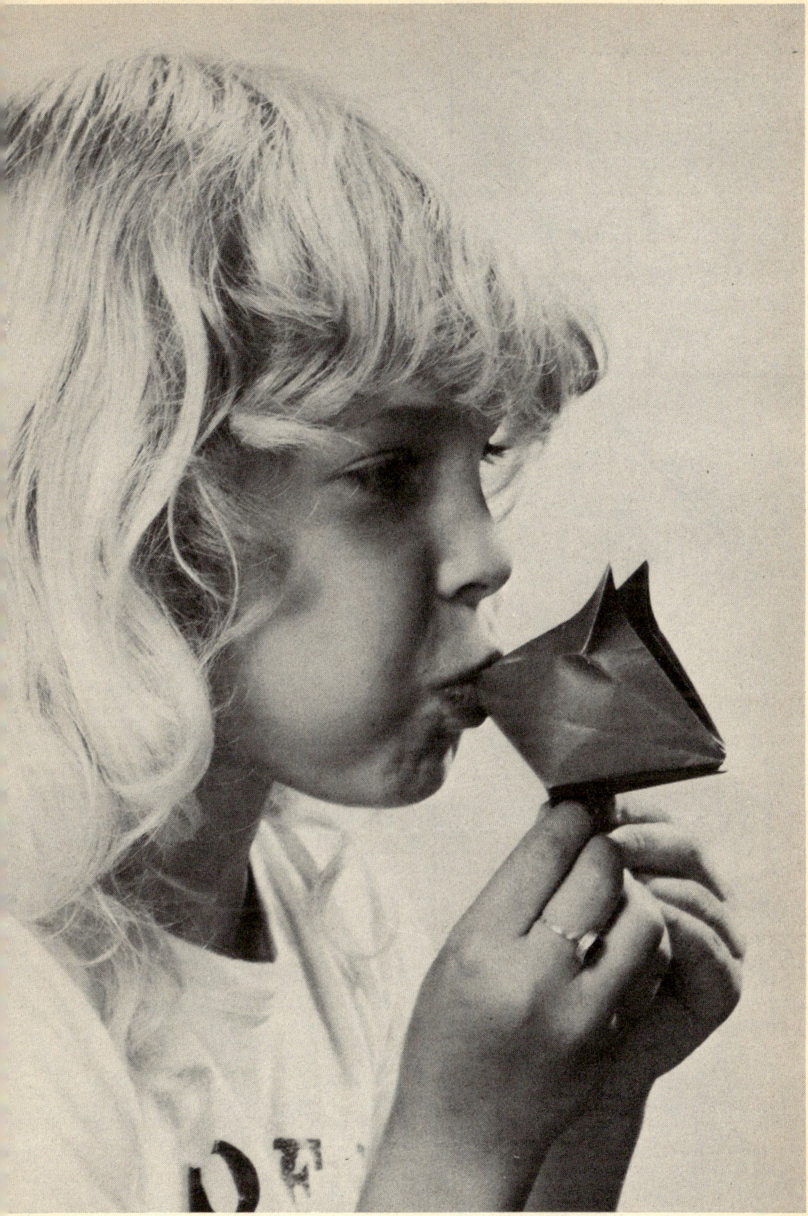

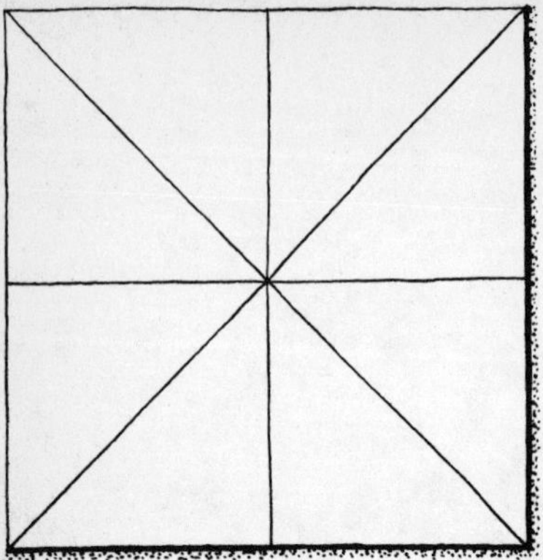

1

## Fliegender Storch

1 In ein Quadrat das „gerade Kreuz" falten, das Blatt wenden und das „schräge Kreuz" falten
2 das Blatt zu einer Quadratform zusammenlegen, wobei die Diagonalen innen zusammenstoßen
3 die vorderen Ecken A und B an den Mittelbruch falten
4 die Ecke C als Dreieck nach vorn herüberfalten

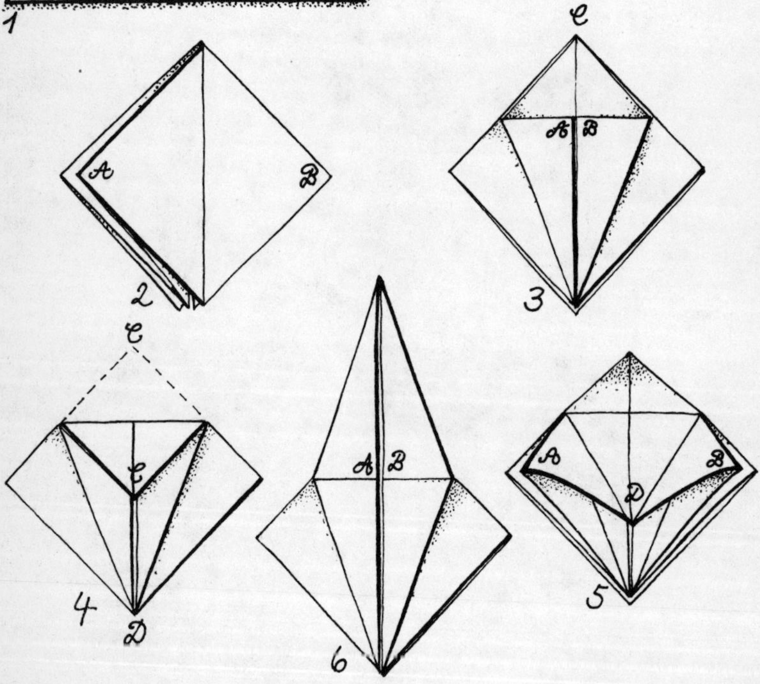


5 die Faltvorgänge 3 und 4 wieder öffnen, dann die Spitze D fassen und nach oben ziehen. Dabei öffnet sich die Form

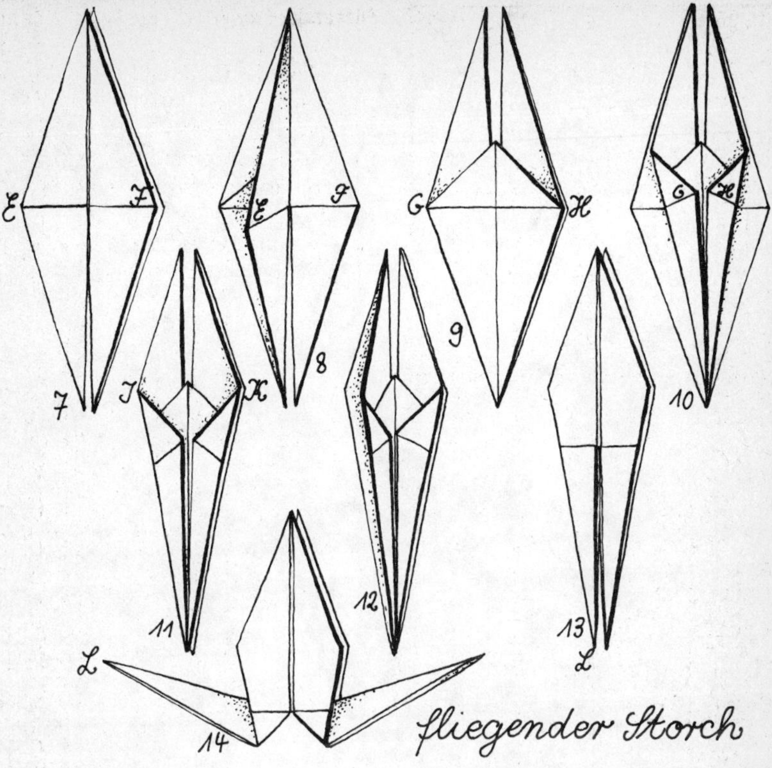


# fliegender Storch

6 die Spitze ganz über die Mitte hinaus nach oben ziehen, dann legen sich die Ecken A und B an den Mittelbruch, und es entsteht eine Rautenform

7 die Form wenden und genauso falten

8 die Ecke E auf die Ecke F klappen

9 die Form wenden und die andere Ecke genauso umklappen

10 die Ecken G und H an den Mittelbruch falten

11 die Form wenden und genauso falten

12 die Ecke J auf die Ecke K klappen

13 die Form wenden und genauso falten

14 den Zipfel L fassen und nach oben ziehen, wobei sich die Seite etwas öffnet.
Den Mittelbruch etwas nach oben drücken und so die Form mit einem schrägen Kniff herausziehen. Die Form auf der anderen Seite ebenfalls herausziehen. Kopf und Schwanz formen und die Flügel in einen schönen Schwung biegen.

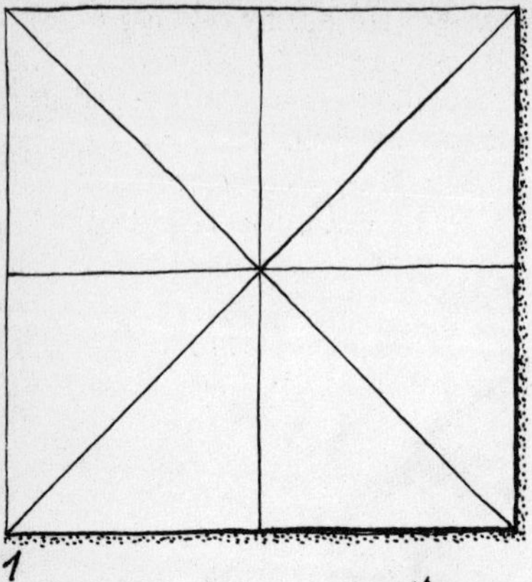


## Rabe

1 In ein Quadrat das „gerade Kreuz“ falten, das Blatt wenden und das „schräge Kreuz“ falten

2 das Blatt wie beim Storch, Seite 88, bis zur Form 9 falten

3 die Form umdrehen

4 die Form senkrecht im Mittelbruch zusammenklappen, so daß Ecke A auf Ecke B liegt

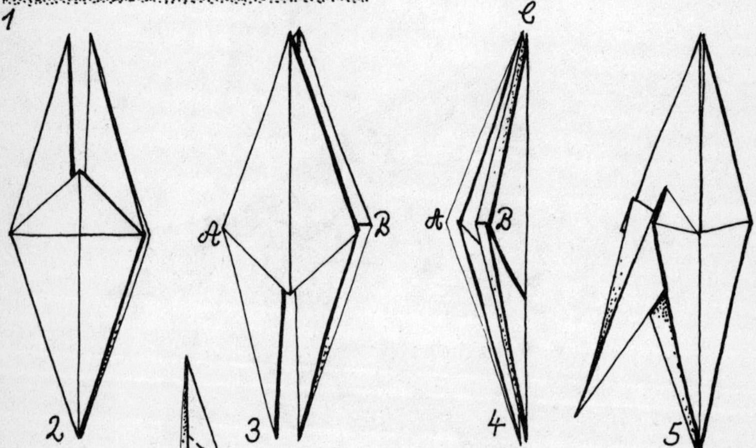


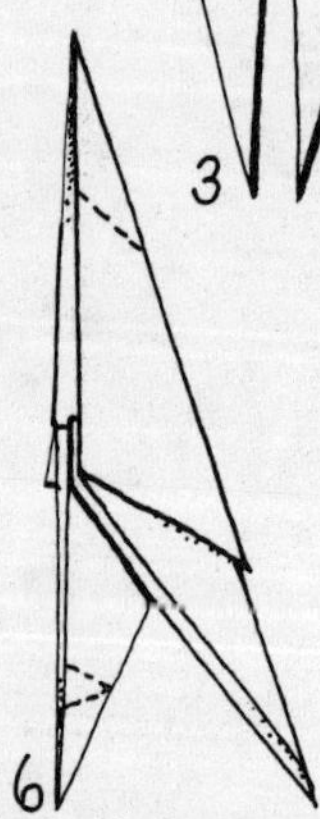


5 nun die innere Spitze C fassen und nach unten ziehen. Dabei den Mittelbruch des Zipfels nach innen drücken und die Form etwas schräg herausstehend flachdrücken

6 die Form wieder zusammenlegen und einen Fuß und einen Kopf formen. Damit der Rabe besser steht, die Flügel zum Schluß etwas spreizen.

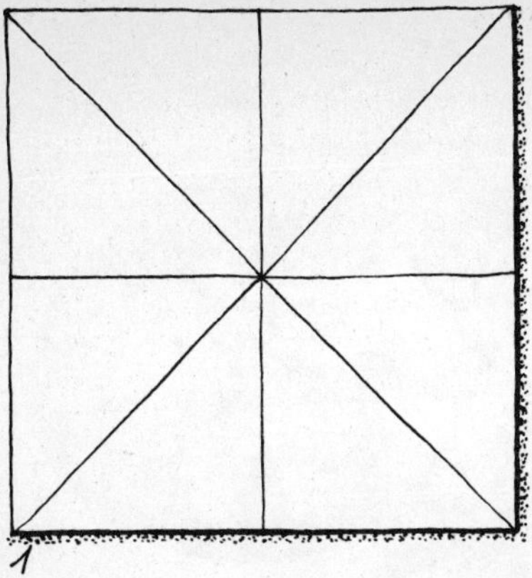


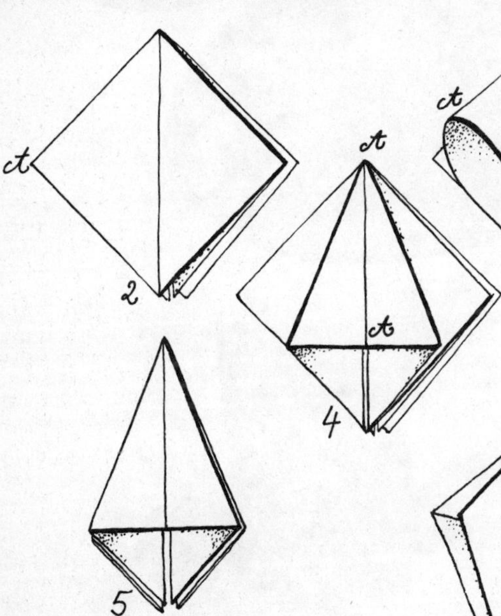


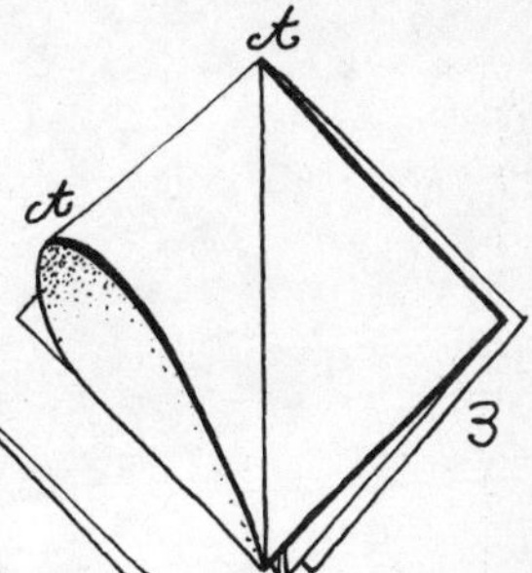

**Schirmchen**

1 In ein Quadrat das „gerade Kreuz" falten, das Blatt wenden und das „schräge Kreuz" falten
2 das Blatt zu einer Quadratform zusammenlegen, wobei die Diagonalen innen zusammenstoßen
3 in die Tasche unter der Ecke A fassen und sie etwas öffnen
4 die Seite A–A auf den Mittelbruch legen und dabei die Tasche zu einem Dreieck flachfalten
5 alle vier Taschen so flachfalten
6 durch diese Form dann ein Stäbchen stecken und etwas festkleben
Die Form zuletzt fächerartig zu einem Schirmchen auffalten.

**Frosch**

1 In ein Quadrat das „gerade Kreuz“ falten, das Blatt wenden und das „schräge Kreuz“ falten

2 das Blatt zu einer Quadratform zusammenlegen, wobei die Diagonalen innen zusammenstoßen

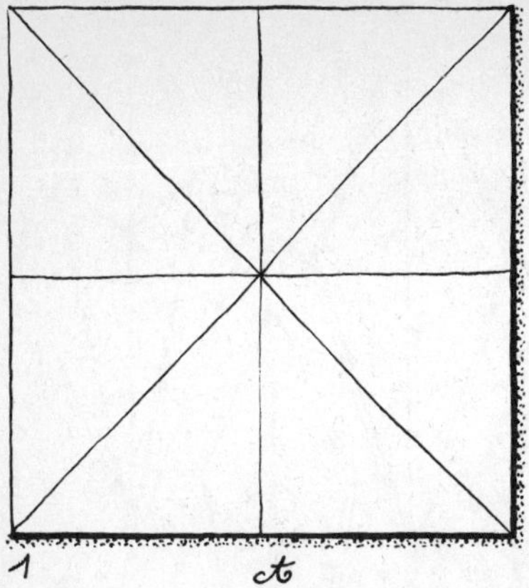


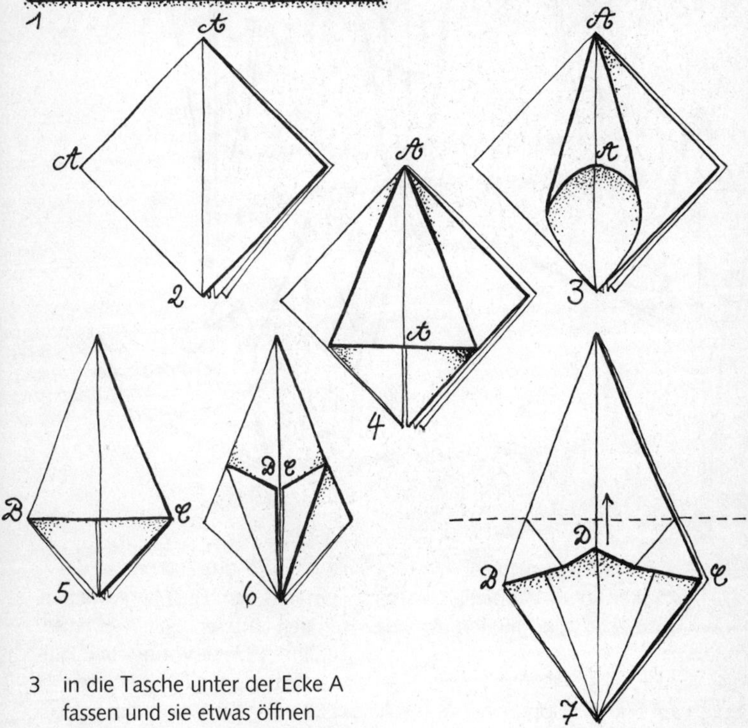


3 in die Tasche unter der Ecke A fassen und sie etwas öffnen
4 die Seite A – A auf den Mittelbruch legen und dabei die Tasche zu einem Dreieck flachfalten
5 alle vier Taschen so falten

6 die Ecken B und C an den Mittelbruch falten
7 die Form wieder öffnen, dann Ecke D fassen und nach oben ziehen, dadurch öffnet sich die Tasche, und die Ecken B und C nähern sich dem Mittelbruch
8 Ecke D auf den Mittelbruch, die Kanten mit den Ecken B und C an den Mittelbruch legen und die Tasche flachfalten. Dann alle Taschen so falten

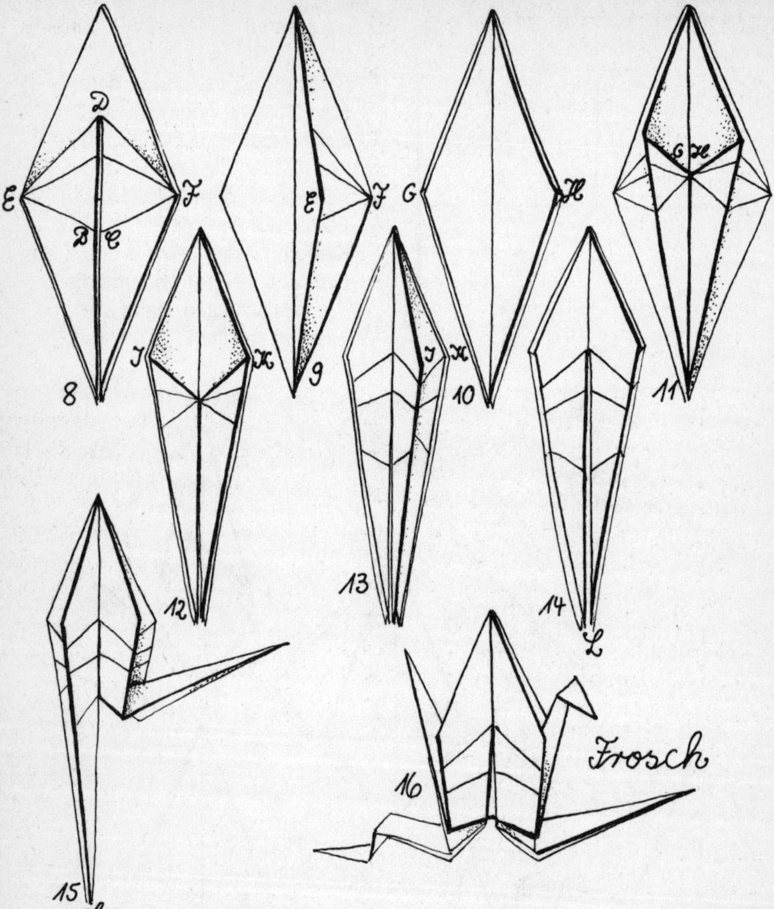


9 Ecke E auf Ecke F klappen
10 alle vier Seiten so umklappen
11 Ecke G und H an den Mittelbruch falten
12 alle vier Fächer so falten
13 Ecke J auf Ecke K klappen
14 alle vier Fächer so umklappen
15 die vorderen Zipfel L fassen und nach oben ziehen, dabei öffnet sich die Seite, den Mittelbruch etwas durchdrücken und so die Form aus dem Fach herausziehen
16 mit den hinteren Zipfeln genauso verfahren. Diese Vorder- und Hinterbeine dann in Form knicken.

An der Öffnung kann man den Frosch nun aufblasen und er kann sogar springen, wenn man seinen Rücken mit dem Finger herunterdrückt.

# FIGUREN AUS FALTSTREIFEN

**Hexentreppe**

Wenn man zwei gleichlange und gleichbreite Papierstreifen ineinanderfaltet, erhält man eine Hexentreppe. Dieses lustige Gebilde kann man aus gleich- oder verschiedenfarbigem Papier falten, um es dann vielfach zu verwenden. Es eignen sich viele, nicht zu dünne Papiersorten, am besten nimmt man Tonpapier, das es in vielen Farben zu kaufen gibt. Zum Ausprobieren schneidet man sich zuerst ca. 30 cm lange und 1,5 cm breite Streifen zu.

1 Man legt den Streifen A im rechten Winkel über den anderen Streifen B
2 Streifen B von links nach rechts über den Streifen A falten
3 Streifen A über Streifen B falten und danach in gleicher Weise immer den einen unteren Streifen nach oben falten
4 so entsteht das treppenähnliche Zackengebilde
5 eine fertige, lange Hexentreppe oder mehrere kurze Stücke kann man zu einem Kränzchen zusammenkleben
6 aus schmalen Streifen werden viele kleine Ringe zu einer Kette zusammengefügt.

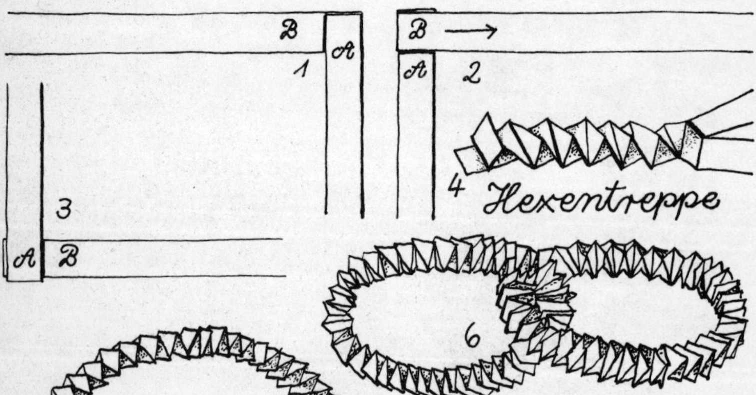


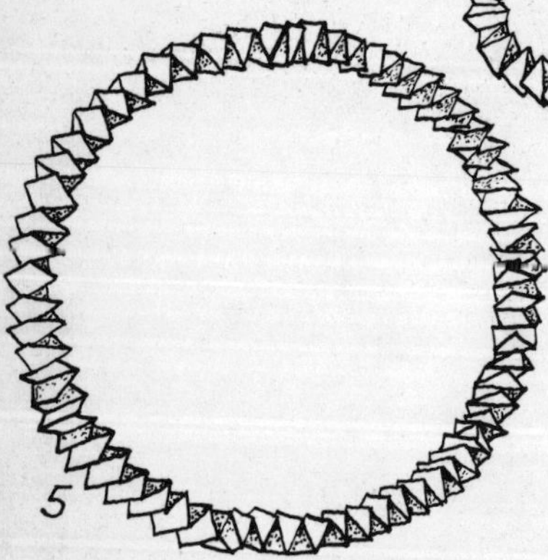


Aus großen und kleinen Hexentreppen in vielen bunten Farben entstehen auch ganz leicht hübsche Girlanden oder Dekorationen für Feste.

**Raupen, Schlangen, Drachen und kleine Käfer**

Ein Stück Hexentreppe, mit Kringeln oder Streifen bemalt, vorn mit schwarzen Punkten als Augen, ist bereits eine kriechende Raupe geworden. Lange, an einem Ende schmalere Streifen ergeben eine sich windende Schlange. Ein Drache bekommt noch einen Kopf aus Tonpapier mit scharfen Zähnen, einer Zunge und großen Augen. Für einen Käfer genügt ein kurzes, breites Stückchen Hexentreppe. Es bekommt einen Kopf mit Fühlern und schmalen Streifen als Beine.

**Katze**

Eine Katze macht schon etwas mehr Mühe. Man braucht dazu Tonpapier oder dünnen schwarzen Karton. Körper und Schwanz werden aus zwei 140 cm langen Streifen, die vorn 2,3 cm und hinten 1,3 cm breit sind, gefaltet. Die Faltstreifen für die Beine sind 51 cm lang und 1,3 cm breit. Durch den Körper und durch die Beine muß man dünnen Draht ziehen, damit die Katze gut stehen kann und einen Buckel macht. Die Beine werden angeklebt. Zuletzt werden die spitzen Ohren gefaltet und der Schwanz nach oben gebogen.

**Schnecke**

Auch das Falten einer Schnecke erfordert etwas Geduld. Man nimmt zwei Streifen 65 cm lang, vorn 1,6 cm und am Ende 0,4 cm breit, faltet eine Hexentreppe und rollt sie zum Schnekkenhaus auf. Wenn man vorher dünnen Draht einzieht, behält das Haus seine Form. Aber auch ein paar Tropfen Alleskleber halten den Streifen rund. Die Hexentreppe für den Körper besteht aus zwei 50 cm langen Streifen, die vorn 1 cm, in der Mitte 1,6 cm und am Schwanz 0,7 cm messen. Zur Formung kann man etwas Draht einziehen, schneidet dann die Fühler aus und klebt das Häuschen auf.

**Hampelmann und Hampelfrau**

Noch eine Anregung! Aus farbigem Tonpapier bastelt man ganz viele Streifen und beginnt dann, Figuren zusammenzusetzen, wobei man nach eigener Fantasie immer wieder andere Personen darstellen kann. An Fäden aufgehängt, kann man sie tanzen und spielen lassen.

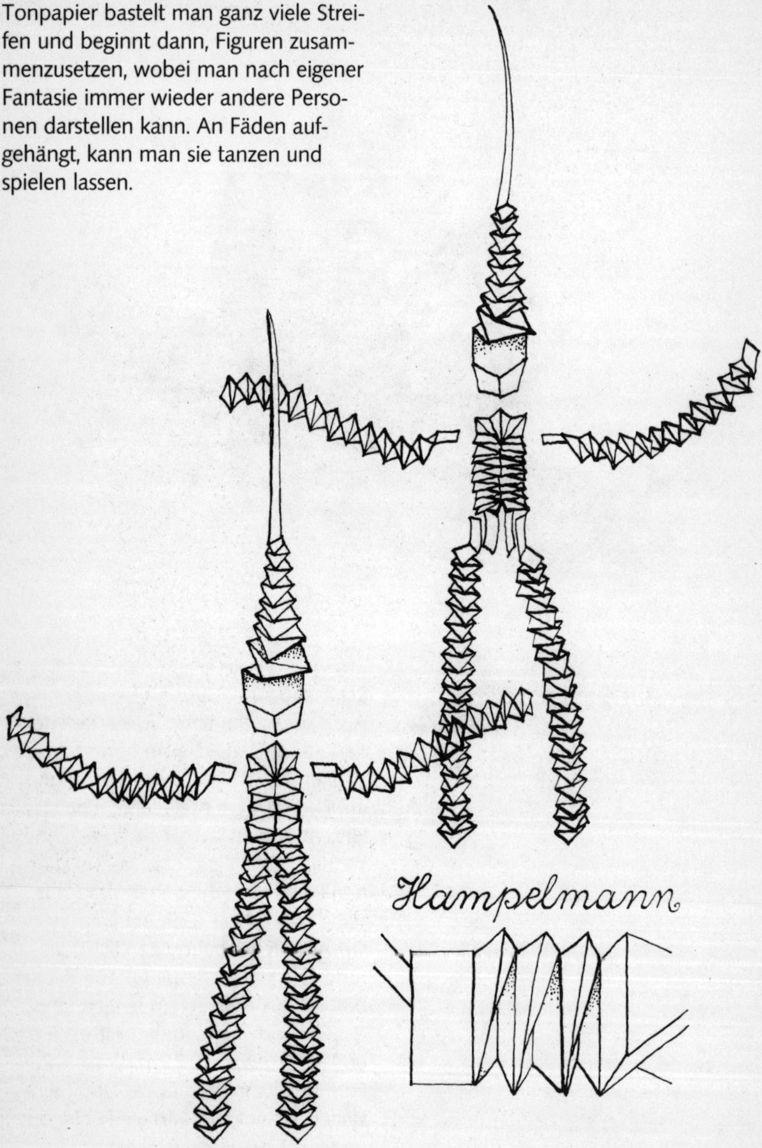

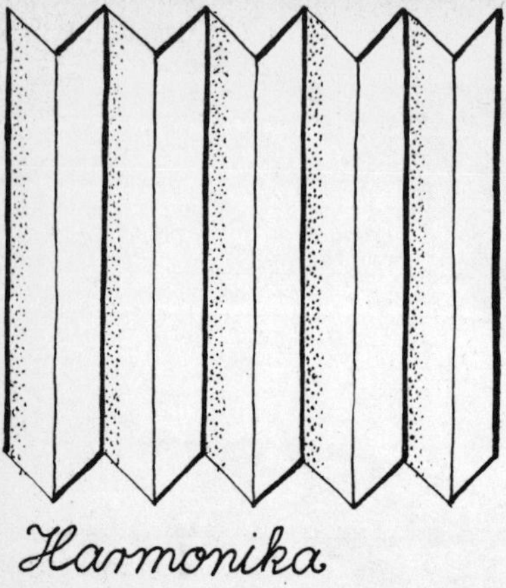


# FÄCHERFALTEN

Nimmt man ein Stückchen Papier, das sehr viel länger als breiter ist, und faltet es auf und ab in Berg- und Talfalten, dann erhält man eine Harmonikaform. In dieser einfachen Faltart lassen sich viele fantasievolle Formen wie Fische, Schmetterlinge und Libellen sowie einfache Gegenstände herstellen.

**Fächer**
Für einen Fächer braucht man einen längeren Streifen der Harmonikaform, man faßt das eine Ende zusammen und umwickelt es mit einem Papierband. Aus den Streifen der zusammengelegten Harmonikaform kann man noch kleine Dreiecke oder Zacken herausschneiden, und beim Auseinanderfalten erscheint ein hübsches Muster.

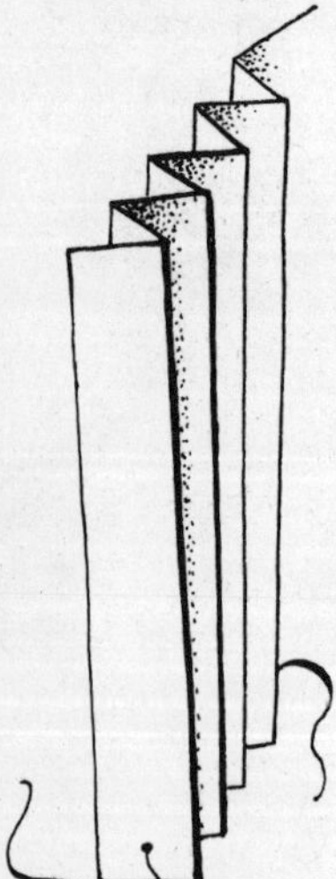

**Stern**
Wenn man einen langen Harmonikastreifen zu einer Scheibe rund zusammenlegt, so daß sich Anfang und Ende berühren, ergibt sich ein Stern. Damit er Halt hat, zieht man an einer Längsseite des Streifens einen Faden durch, schiebt dann alle Falten zusammen, biegt den Streifen rund und klebt den Streifenanfang an das Ende. Zum Schluß zieht man den Faden stramm und verknotet ihn. Soll der Stern ein Muster erhalten, schneidet man vorher in den zusammengelegten Streifen Ornamente, die dann in der Wiederholung ein schönes Muster ergeben.

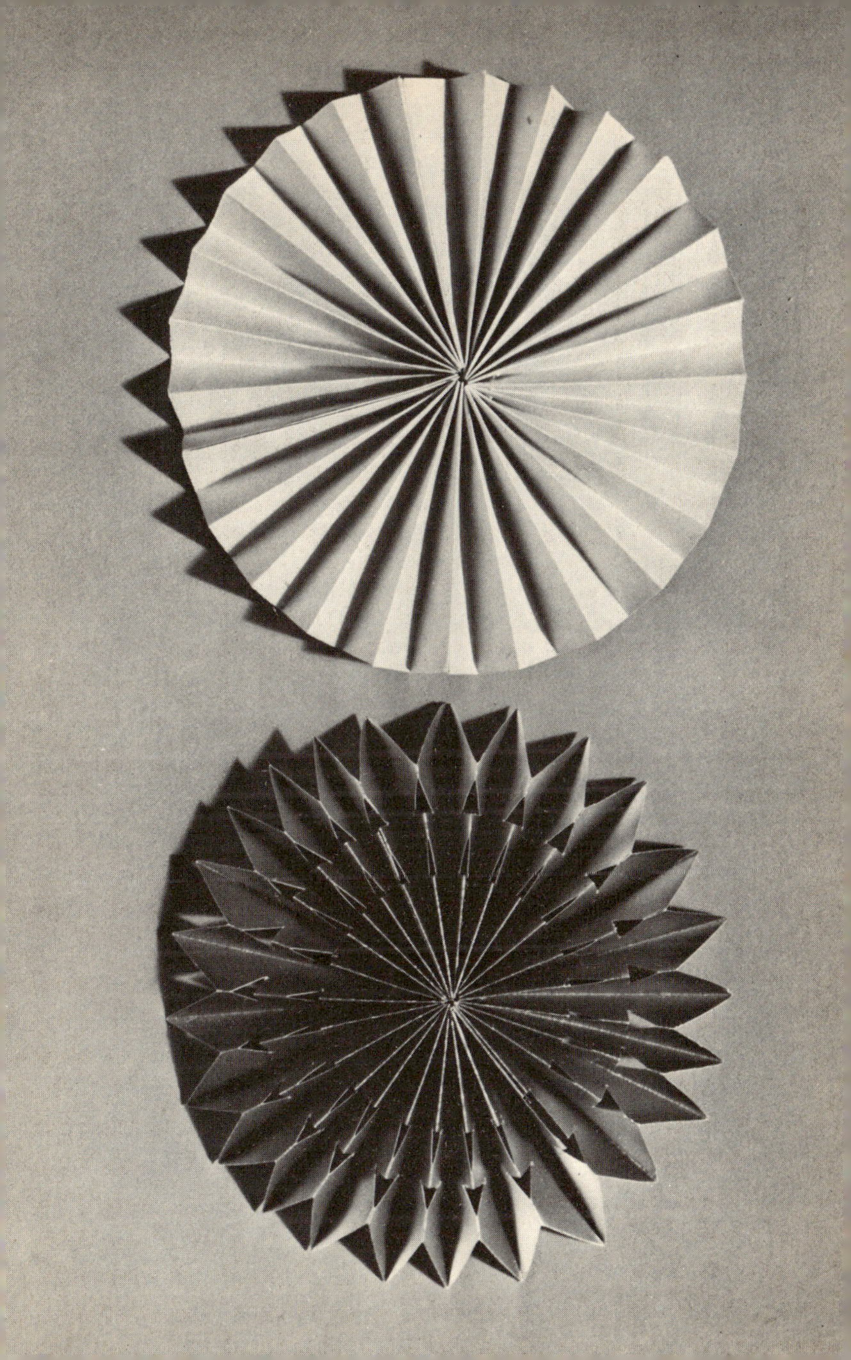

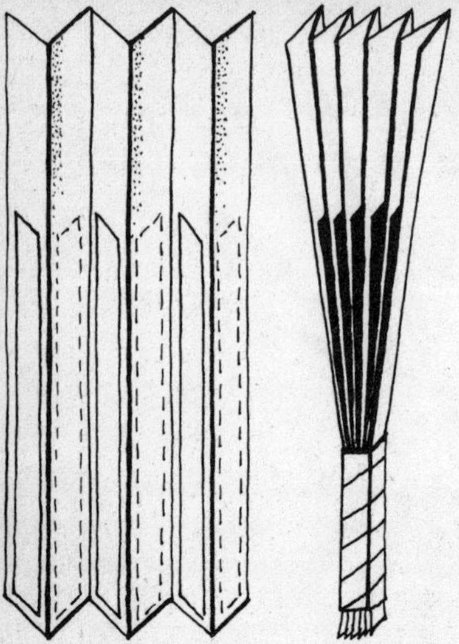

Fastnachts-Pritsche

**Fastnachts-Pritsche**

Für eine Fastnachts-Pritsche wählt man stärkeres Papier oder dünnen Karton und faltet etwa 3 cm breite Streifen. In die Falten der Vorder- und Rückseite kann man zur Verstärkung dicke Kartonstreifen einlegen. Sie sollten eine Länge von 2/3 der Pritsche haben und etwas schmaler als 3 cm sein. Dann umwickelt man das Pritschenende etwa handbreit mit einem farbigen Papierstreifen, dessen Anfang und Ende festgeklebt werden.

**Fisch**

Einen Fisch faltet man aus einem quadratischen oder rechteckigen Faltblatt. Die Harmonikaform wird an einer Seite mit einem Papierstreifen abgebunden und zur Fischform geschnitten. Durch Zurückfalten oder mit Hilfe der Schere lassen sich dann noch Maul und Flossen formen und ein Auge herausschneiden.

**Schmetterling**

Man faltet in ein Quadrat 0,5 cm breite Streifen und biegt die gefaltete Form in der Mitte zu den Fächerflügeln zusammen. Den Körper des Schmetterlings bildet ein Papierröllchen. Es wird in die Flügelmitte geklebt oder mit einem Einschnitt versehen, durch den das Flügelpaar gezogen wird. Fühler und Rüssel werden herausgeschnitten.

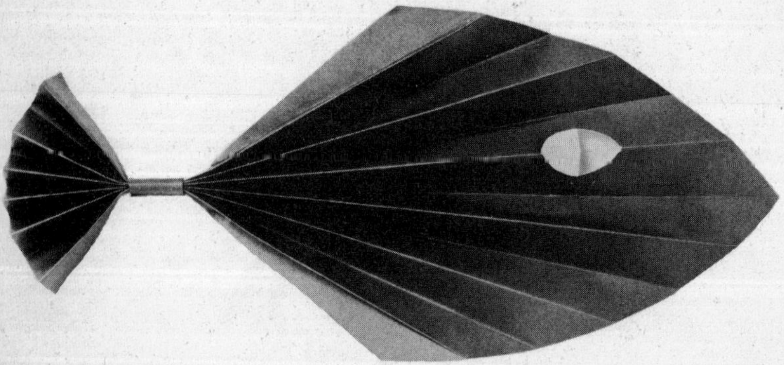

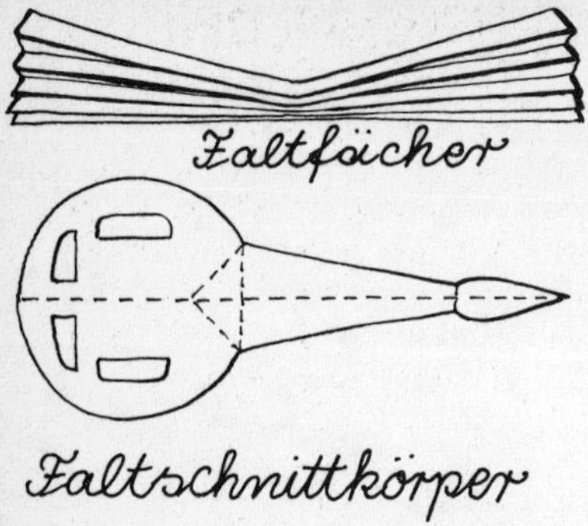


**Libelle**

Die Libelle bekommt einen Körper aus einem dünnen Papierröllchen, auf das ein schmaler Fächerflügel geklebt wird.

**Fliegender Vogel**

Für einen Vogel braucht man zwei Faltfächer und einen Faltschnittkörper. Dieser Körper wird nach dem Schnittmuster in passender Größe zugeschnitten und nach den angegebenen Bruchlinien gefaltet und geformt. Für die Flügel und den Schwanz dann Einschnitte machen. Durch diese werden dann Flügel und Schwanz gezogen, der Schwanzfächer wird zusammengeklebt.

# GRUPPENBILDER

Viele der gezeigten Faltformen kann man nun in unterschiedlichen Größen und Farben herstellen und nach eigener Fantasie zu Gruppen aufbauen und Dekorationen aus Papier dazustellen. Hier einige Anregungen!

# Auf dem Land

**Schweinchen**

1 Faltnetz 2 von Seite 18 herstellen
2 die obere und untere Seite in den Waagerechten A–A zum Mittelbruch umfalten,
3 in die vier äußeren Quadrate fassen und die Ecken zum Mittelpunkt legen, indem man die Diagonale B–B auf die Diagonale B–C klappt
4 die Form im Mittelbruch nach hinten umklappen
5 die Form wenden, so daß die geöffnete Seite nach unten kommt, und dann die in der Mitte liegenden Dreiecke auf der Vorder- und Rückseite senkrecht zu Beinen falten
6 nun noch einen Kopf und einen Ringelschwanz formen und dem Schweinchen Augen malen oder es lustig bekleben!

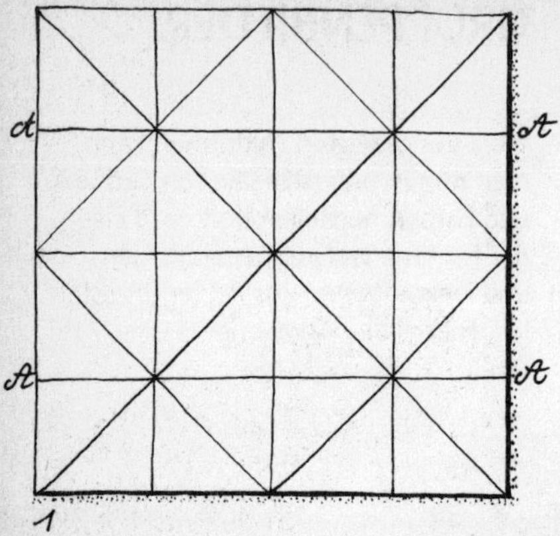


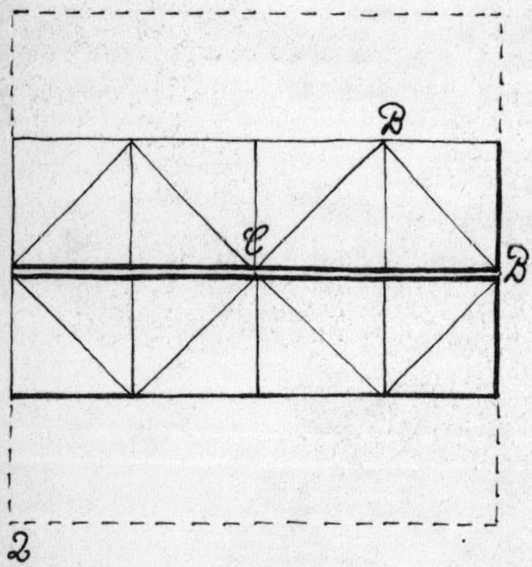


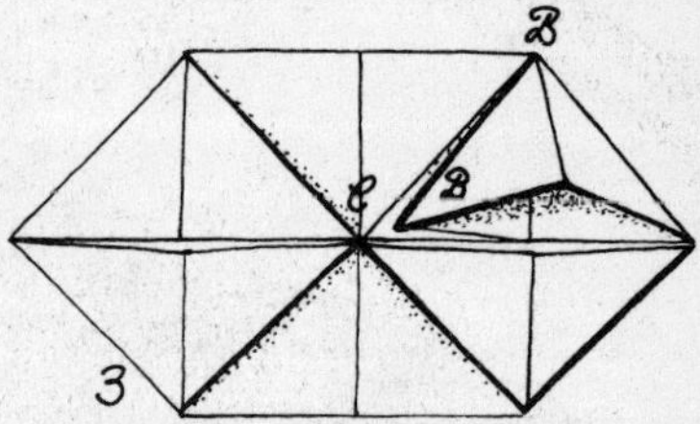


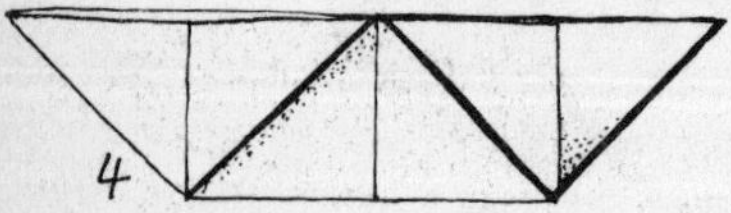


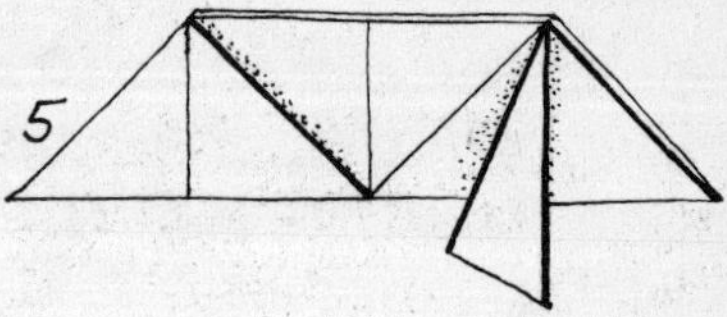


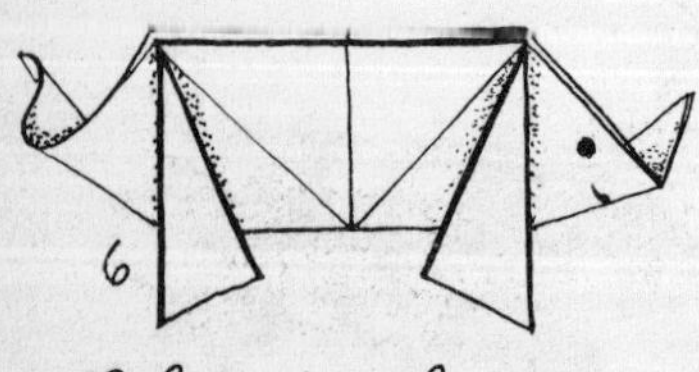


Schweinchen

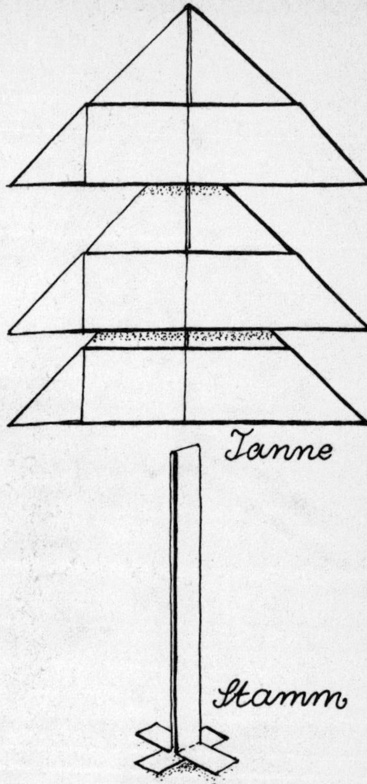


**Tannen und Büsche**
Aus Rechtecken faltet man Helme, siehe Seite 53, die dann zu einem Tannenbaum ineinandergesteckt und -geklebt werden. Den Stamm bildet ein Streifen aus stabilem Papier, der geknickt und auf einen kleinen Streifen als Fuß geklebt wird.
Ein Busch besteht aus einem einzigen Helm.

**Zaun**
Der Zaun wird aus einem mehrmals in der Mitte zusammengelegten langen Streifen – wie auf der Zeichnung zu sehen – ausgeschnitten.

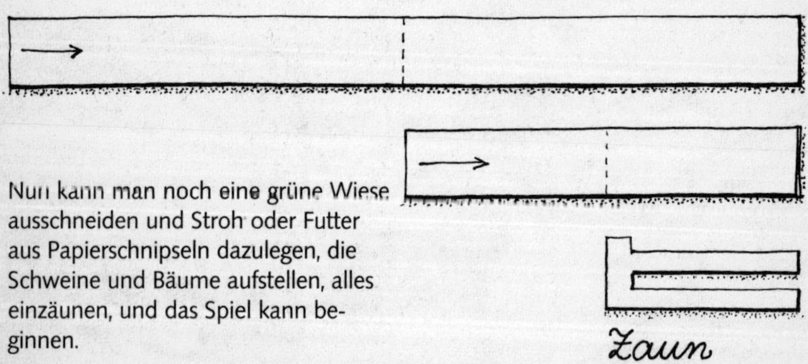


Nun kann man noch eine grüne Wiese ausschneiden und Stroh oder Futter aus Papierschnipseln dazulegen, die Schweine und Bäume aufstellen, alles einzäunen, und das Spiel kann beginnen.

# Altes Städtchen

Zu einer kleinen Stadt gehören verschiedene Häuser, eine Kirche, Bäume und eine Stadtmauer mit einem Tor. Alles läßt sich aus Papier falten und immer wieder anders aufbauen.

**Haus**

1 Für eine Haus-Grundform braucht man ein Rechteck, ca. 8 x 16 cm groß. Das Blatt einmal in der Mitte zusammenfalten
2 oben am Mittelbruch beide Ecken zur Mitte umfalten
3 die Ecken wieder öffnen und nach innen umfalten
4 nun die senkrechten Kanten etwa 0,75 cm nach vorn umfalten, ebenso die waagerechte Kante. Dann das Haus wenden und die

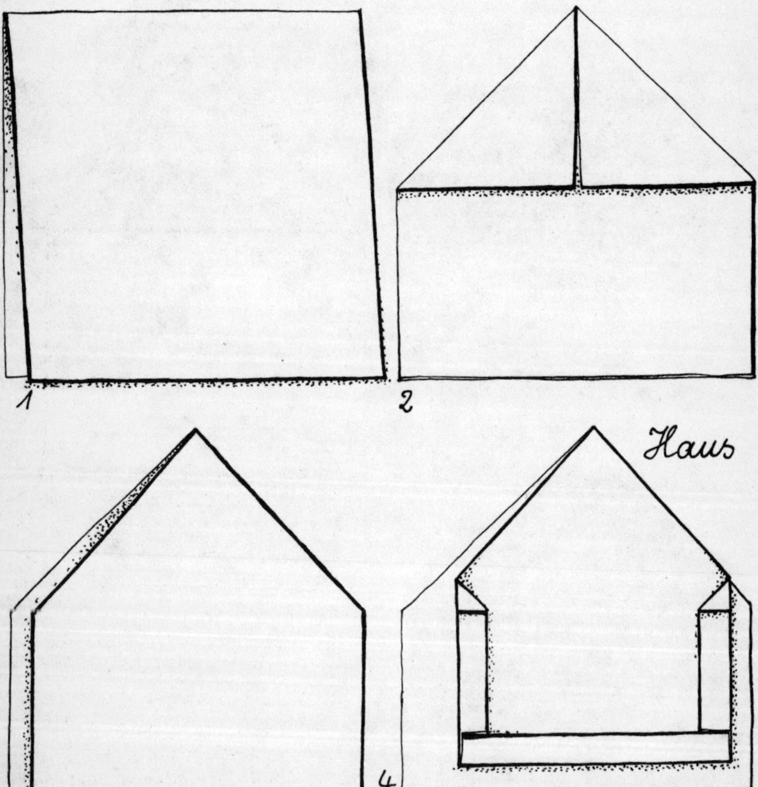

Rückseite genauso falten. Zum Aufstellen des Hauses die Kanten in den Brüchen nach innen umfalten. Jetzt kann das Haus bemalt werden, oder man schneidet Fenster und Türen aus.

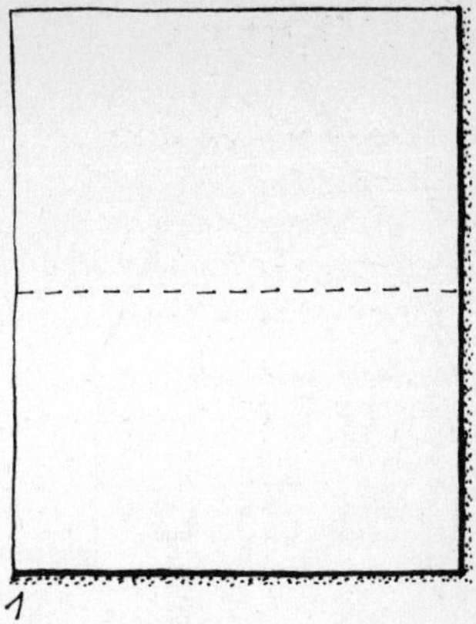


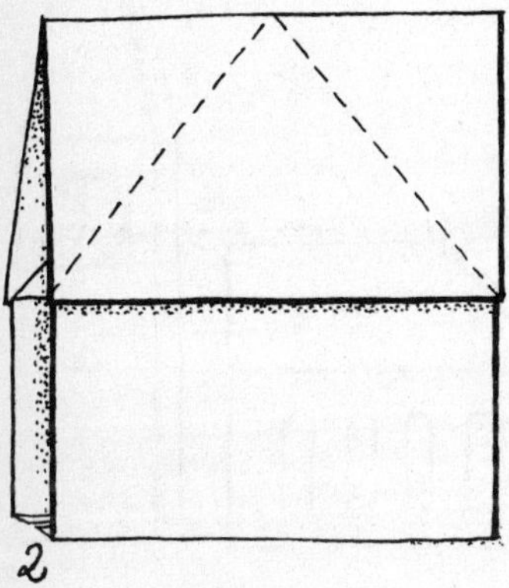


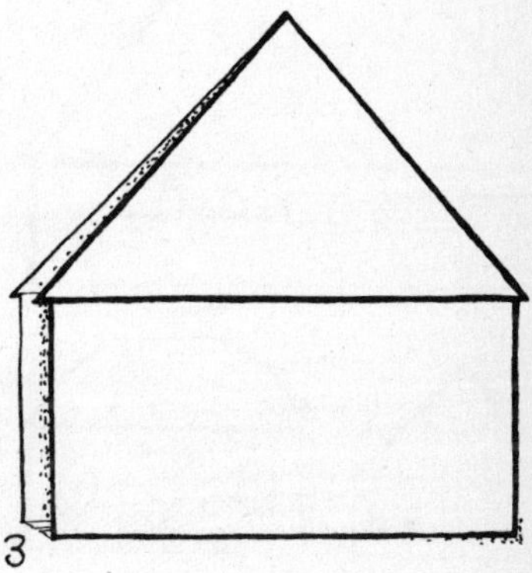


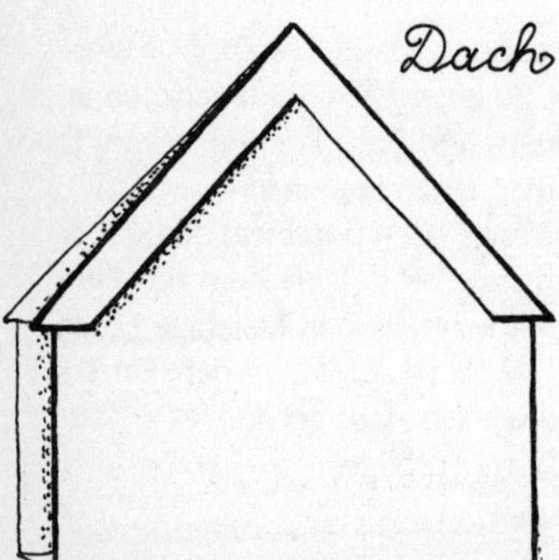


**Dach**

1 Für ein Hausdach braucht man ein Faltblatt, das die Hausbreite und die doppelte Höhe des Giebels hat
2 das Blatt einmal in der Mitte falten und von oben auf die Mitte des Giebels setzen
3 die Ecken des Daches – den Kanten des Giebels folgend – nach innen falten und fest ausstreifen.
4 Variation: einen Rand, 2 bis 3 mm von der Giebelkante entfernt, ausschneiden, so daß ein Giebel mit überstehendem Dach entsteht.

Hier einige Anregungen für viele verschiedene Häuserformen mit spitzen, flachen und breiten Dächern: Bei sehr steilen Dächern müssen die eingeschlagenen Giebelecken innen abgeschnitten werden. Man kann auch Zacken aus dem Giebel herausschneiden und so ganz alte Häuser gestalten. Eine Kirche wird in zwei Teilen hergestellt,

die dann ineinandergeschoben werden. Zu einer alten Stadt gehören auch Mauern und Tore. Für eine Mauer faltet man einen Papierstreifen einmal der Länge nach und biegt die Standfläche wie bei den Häusern um. Die Mauer kann dann in beliebige Ecken und Winkel geknickt werden. Ein Tor wird wie ein Haus gefaltet, es erhält nur zwei Torbögen.

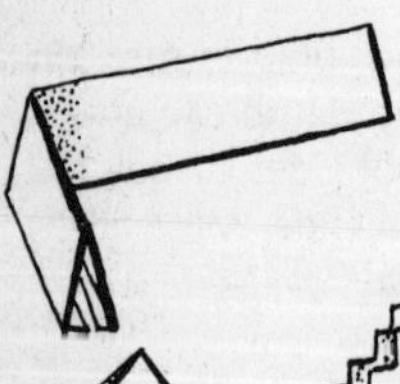

**Bäume**

Bäume werden aus grünem Faltpapier hergestellt. Man faltet eine Harmonikaform und legt sie in der Mitte zusammen. In diese Mitte wird dann ein Stamm aus etwas haltbarer brauner Pappe geklebt. Dazu schneidet man einen Streifen, der einmal geknickt und unten zu einem Fuß aufgestellt wird. Dann die Harmonika zu einem Baum auffächern und eventuell noch zu einer schönen Baumkrone zurechtschneiden. Eine runde Baumkrone erhält man, indem der Fächer oben hochgezogen und rundgeschnitten wird.

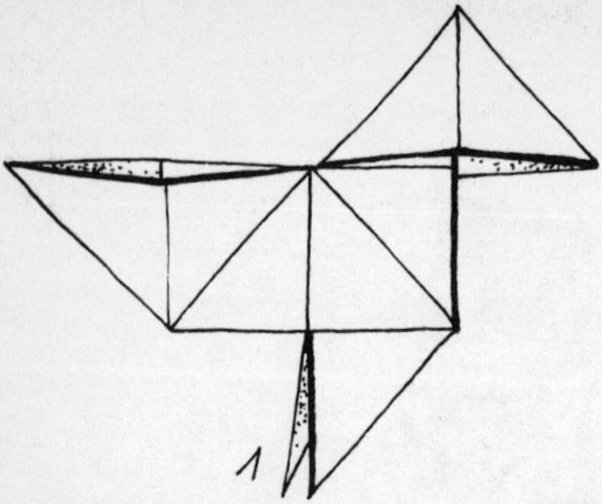


# Wüstenritt

Beduinen mit ihren langen Umhängen reiten auf ihren Pferden durch die heiße Wüste. Mit ein wenig Fantasie kann man auch noch Zelte und eine Oase aus Palmen aufbauen.

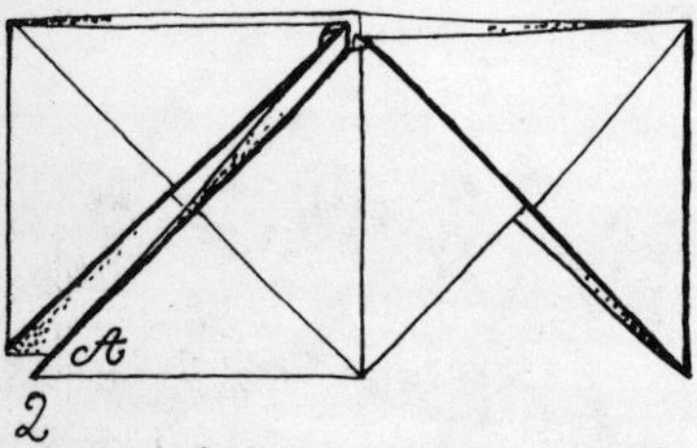


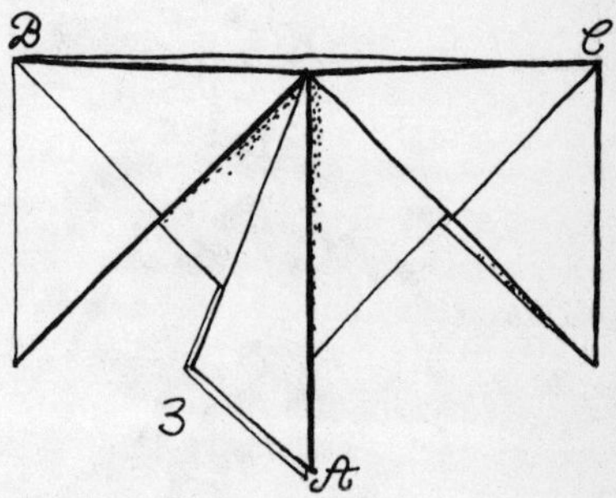


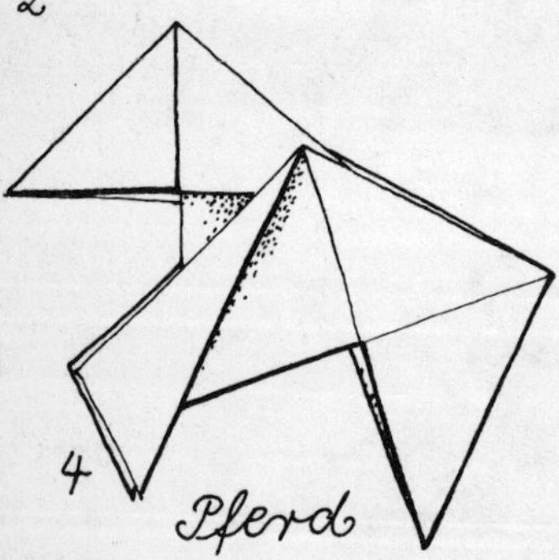


**Pferd**

1 Den Vogel von Seite 26 basteln
2 den Schwanz ebenso wie den Kopf öffnen und herumfalten
3 die beiden Flügel mit der Ecke A senkrecht zu Beinen an die Mitte umfalten
4 den Kopf des Pferdes zurückbiegen, indem man die Ecken B und C faßt und die Kopfform B in das Innere der Form schiebt und fest ausstreift. Dadurch steht das Pferd aufrecht.

**Reiter**

1 Die Mühle von Seite 21 falten und daraus die Blumenvase von Seite 25 bilden
2 zwei Flügel herunterklappen und den dritten so zwischen die beiden Flügel schieben, daß drei Flügel aufeinanderliegen
3 die Ecke A wie beim Vogelkopf auf Seite 85 zu einer Kapuzenform zur anderen Seite umstülpen
4 diese Form zur Hälfte wieder zurückfalten

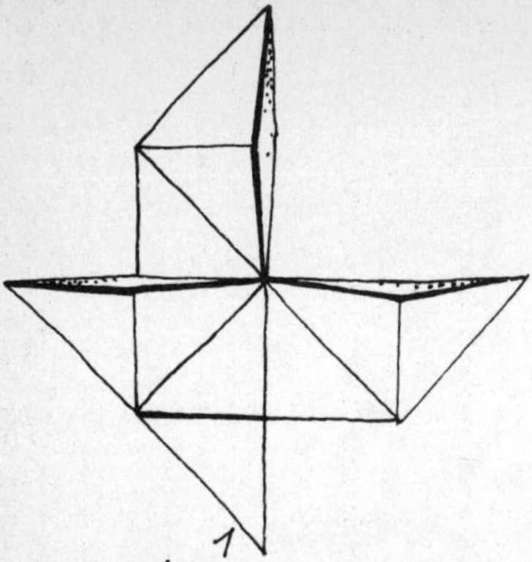

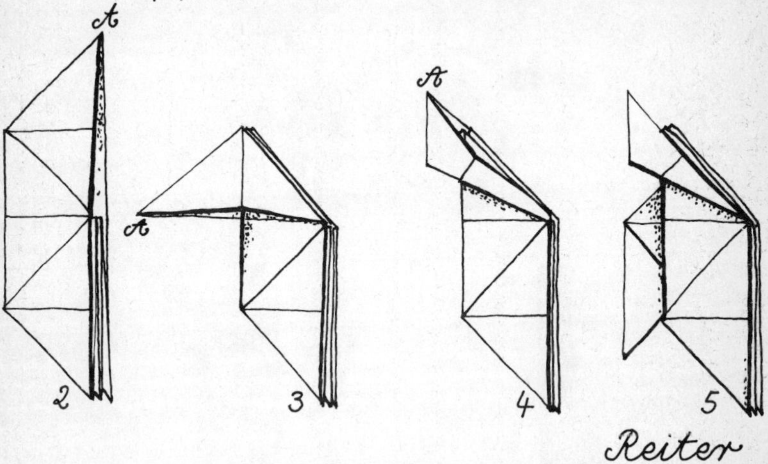


5 nun den mittleren der drei Flügel etwas herausziehen, nach oben drücken und fest ausstreifen. Den fertigen Reiter in die Pferdeform schieben, so daß der Reiter fest auf dem Pferd sitzt.

# Anziehpuppe

Dieses lustige kleine Papiermädchen hat einen Rock und ein kurzes Jäckchen an und trägt dazu eine weiße Schürze. Es kann aber auch die Kleidung wechseln und ein Hemdchen und einen buntgemusterten Rock tragen. Hier werden die Grundformen gezeigt, die sich ganz nach Geschmack abwandeln lassen.

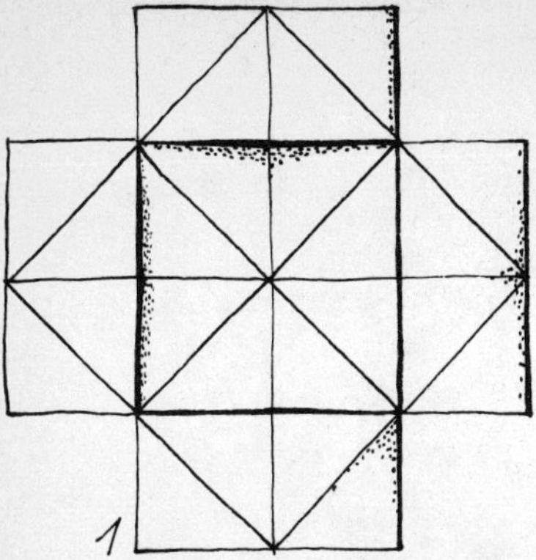


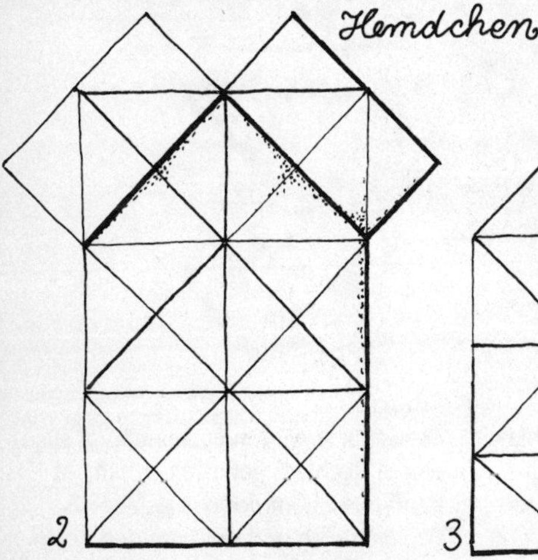


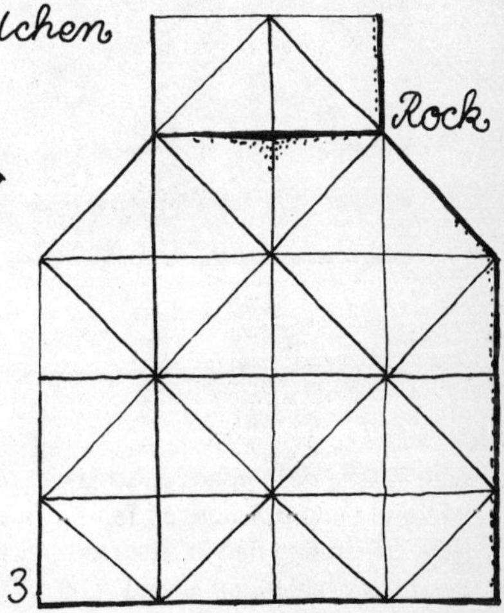


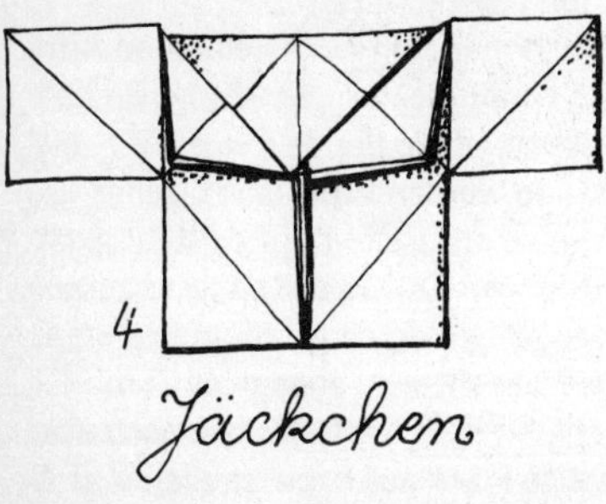


1 Für alle Kleidungsstücke ist der Orden von Seite 41 die Grundform.

**Hemdchen**

2 Zwei Taschen des Ordens als Ärmel aufschlagen, dann den ganzen übrigen Teil öffnen und – wie auf der Zeichnung – nach hinten umfalten.

**Rock**

3 Eine Tasche des Ordens aufschlagen und dann den übrigen Teil ganz öffnen und den Brüchen folgend nach hinten umfalten. Wenn der Rock nicht so lang werden soll, kann man auch einen Saum umfalten.

**Jäckchen**

4 Alle vier Seiten des Ordens aufschlagen und die Form waagerecht im Mittelbruch zusammenlegen, so daß sich zwei Ärmel bilden. Die beiden oberen Zipfel in der Mitte kann man zu einem Kragen aufschlagen.

**Schürze**

Die Schürze wird in Fächerfaltung aus einem Rechteck gebastelt, erhält ein Band aus einem doppelt gefalteten Papierstreifen und wird um den Rockbund gelegt.

Wenn man nun noch Beine und Arme aus zusammengelegten Papierstreifen anklebt, ist die Puppe fertig. Füße und Hände werden ganz nach eigener Fantasie geformt. Der Kopf entsteht auch aus einem Orden, der passend zusammengelegt und eingeschnitten wird. Das Gesicht wird aufgemalt. Zum Schluß erhält das Mädchen noch eine lustige Frisur aus Papierstreifen und eine Haarschleife.